Frontières et mobilité

Collection « Diversités »

Dirigée par Hedi SAIDI, historien.

Cette collection est destinée à présenter les travaux théoriques, empiriques et pratiques des chercheurs scientifiques, et des acteurs sociaux. Elle a vocation à publier des ouvrages essentiellement universitaires, traitant des rapports sociaux, de la mémoire, de l'histoire et de l'altérité. Elle se propose de constituer un portail d'accès à l'étude des sociétés contemporaines et offrir une plateforme d'échanges à des chercheurs de plusieurs disciplines.
La collection entend faire connaître la production française dans les domaines historiques et sociologiques mais aussi relayer les travaux de chercheurs étrangers et devenir ainsi un point d'appui dans le développement des échanges scientifiques au niveau international en sciences humaines et sociales.

Déjà parus

Hedi SAIDI, *Savoir critiques et recherches historiques, Pour quels usages ?, 2015*

Jamil SAYAH, *L'acte II de la Révolution tunisienne : La Constitution*, 2015.

Hedi SAIDI, *Histoire de la Tunisie. Modernité, élites et finance dans la Tunisie du XIXème siècle*, 2014.

Michel ROUSSEAU, *Quand Louis XIV brûlait le Palatinat. La guerre de la Ligue d'Augsburg et la Presse*, 2014.

Jamil SAYAH, *La révolution tunisienne : la part du droit*, 2013.

Sous la direction de
Jamil SAYAH

Frontières et mobilité

L'Harmattan

5-7, rue de l'Ecole-Polytechnique, 75005 Paris

http://www.harmattan.fr
diffusion.harmattan@wanadoo.fr

ISBN : 978-2-343-08521-0
EAN : 9782343085210

Présentation

Penser les frontières. Cet ouvrage collectif, qui n'a point la prétention d'épuiser les contours de ce concept, a pris l'option de le traiter d'une manière transversale et transdisciplinaire. Des juristes, des politologues, des sociologues, des anthropologues, des géographes, des économistes… ont été réunis pour réfléchir ensemble, mais chacun à partir de son propre prisme, à cette problématique. Une fois accepté le caractère polysémique et complexe de la notion des frontières, nos contributeurs ont pris l'option discursive de l'aborder dans son interaction avec la mobilité.

En effet, entre frontières et mobilité se tissent des liens pluriels que les chercheurs en sciences sociales sont amenés à identifier, à qualifier et à analyser. Si lors de notre débat, on s'est accordé pour affirmer que les rapports conceptuels entre frontières et mobilité prennent un sens chaque fois que l'on en fait usage, on s'est néanmoins partagé sur le statut qu'il faut leur attribuer.

Pour les juristes, étant une construction juridique inhérente au droit international dont la notion de souveraineté étatique constitue la matrice, les frontières ne sont point un lieu de passage autorisé, mais un lieu de contrôle imposé. Dans cette perspective, elles constituent une ligne réelle et symbolique de partage entre le dedans et le dehors. Conséquence, la mobilité se trouve limitée au bon vouloir des États et la liberté d'aller et de venir cesse d'être une règle inviolable et universelle des droits de l'homme. Le passeport et le visa deviennent alors le symbole politico-administratif de cette mobilité réglementée et surveillée.

Cependant, cette conception (des « frontières-barrières ») qui pourrait singulièrement être l'objet d'un débat à part, a été longuement critiquée par ceux qui avancent qu'il y a place pour une autre pensée des frontières qui tend à en analyser les vocations et les significations selon une approche qui mettra l'accent non point sur la vocation séparatrice des frontières, mais plutôt sur leur vocation unificatrice. Ils considèrent les frontières comme « *seuils et lieux de passage obligé d'humains et d'objets.* », et ce, malgré les constructions des murs et l'installation des barbelés. Une telle tendance constitue la pathologie des frontières et non sa réalité.

Car la mobilité est une nature inséparable de l'être humain. Depuis que l'homme est « homme », il s'est toujours déplacé, soit pour son confort, soit pour sa survie. Et la crise récente des migrants est la preuve que la Méditerranée, qui est censée être une frontière difficilement franchissable, n'a pu empêcher les déplacements d'êtres fuyant les guerres et les exactions au prix de leur propre vie. Ainsi *« pour un Syrien qui sort d'un camp de réfugiés et qui veut reconstruire sa vie. Il y a un effet de "push and pull", un équilibre entre l'obligation, forcée, de partir et le désir d'une autre existence. Le régime frontalier dominant aujourd'hui est celui de l'ouverture »*[1]. Dans ce contexte, le migrant est alors acteur malgré lui d'une conception des frontières dans laquelle les barrières physiques, géographiques, juridiques et symboliques se trouvent transcendées par la volonté et l'envie de vivre et de vivre ailleurs.

Cette tension entre frontières ouvertes et frontières fermées s'énonce dans d'autres registres apparemment disjoints, mais que fusionne le thème de l'altérité. Souvent, les identités se construisent en traçant des lignes de démarcation entre soi et l'autre. Or, les changements par lesquels les cultures et les appartenances se fragmentent et s'interpénètrent provoquent ruptures et conflits. De ce fait, la frontière identitaire, générationnelle, linguistique ou d'appartenance à un genre, épouse la dialectique d'un rapport culturel tantôt tourné vers le

---

[1] M. Foucher, *L'obsession des frontières*, Éd. Perrin, 2012, p. 12.

« Moi » individualisant, tantôt vers le « Nous » socialisant. Cette ligne de démarcation sert ici de guide pour ne pas réduire l'autre à un être défini par un marqueur dont il a l'exclusivité. À l'inverse, elle révèle aussi un processus d'appartenance et d'enracinement dans un terreau d'affirmation identitaire. Mais une telle hypothèse comporte quelques risques de dérive inquiétante si cet enracinement conduit à l'enfermement et au repli identitaire. À manier ces concepts subjectifs de la frontière, encore faut-il en mesurer les conséquences jusque dans leurs composantes contradictoires.

Une telle exigence épistémologique, on la retrouve aussi quand on aborde la dimension historique des frontières. Car penser l'histoire des frontières, c'est aussi connaître leur histoire. On trouvera dans cet ouvrage des contributions consacrées à cette dimension. Le récit historique qui est fait ici ne concerne pas uniquement l'historicité des frontières, mais encore l'histoire de la pratique des États et des individus sur ces tracés. En ce sens, l'histoire du présent se nourrit de l'histoire du passé. En effet, la lecture historique des frontières nous enseigne que les cours des événements et les conséquences politiques qui en ont découlé ne sont point le fruit du hasard. Elles obéissent à des causalités qui sont au cœur d'un projet politique au sens large des frontières.

On le voit donc, quand il s'agit de penser des notions ou des concepts d'usage courant et usuel tel que ceux de frontières ou de mobilité, la rigueur scientifique s'impose comme une évidence afin d'éviter les fausses interrogations et débusquer les vrais pièges. Ainsi, les contributions qui suivent se veulent une sorte de prisme qui décompose la problématique des frontières et leurs liens avec la mobilité en une pluralité de réflexions distinctes et en une filiation avec les nouvelles préoccupations des sciences sociales.

Chapitre 1)

Penser les frontières

Frontières symboliques, frontières réelles

Serge DUFOULON

> *« Le XXe siècle a transformé notre planète en la faisant passer d'un monde fini de certitudes à un monde indéfini d'interrogations et de doutes. »*
>
> (Ilya Prigogine)[2]

L'évocation du terme de frontière fait surgir à la conscience une chaîne de signifiants qui évoquent spontanément différentes thématiques : historiques[3], géographiques[4], anthropologiques, politiques, sociales, etc. Comment parler des frontières, effectivement, sans aborder les notions de territoire, la construction des États et des citoyennetés, les mobilités et les migrations, le local et le global, etc. ?

Les frontières établissent de la rupture là où il y avait de la continuité géographique, culturelle. Elles rythment le temps et l'espace des voyageurs ou des frontaliers. Elles séparent et

---

[2] Cité *in* François Bédarida, « Préface », *Des frontières en Afrique du XIIe au XXe siècle, Bamako, 1999*, Paris, UNESCO 2005, p. 9.

[3] Sur l'histoire des frontières, on peut lire Jean-Pierre Bois « La naissance historique des frontières, de la féodalité aux nationalités » : http://www.pur-editions.fr/couvertures/1220958019_doc.pdf

[4] Sur ces thèmes, on peut lire Dufoulon S., *Migrations, mobilités, frontières & voisinages*, en codirection avec Maria Rostekova, Paris : Éditions L'Harmattan, 2011.

relient dans le même mouvement des cultures, des populations, des lieux, des objets, humains et non humains, pour emprunter une expression à Bruno Latour.

De la grande muraille de Chine en 656 avant J.-C. (État de Qi) à Schengen, les représentations et les formes des frontières ont évolué vers les grands découpages que l'on connaît aujourd'hui en modifiant l'organisation spatiale et sociale des sociétés. Quel type de regard un anthropologue peut-il porter sur la question des frontières ? Cette interrogation est d'autant plus prégnante que nos sociétés subissent des bouleversements majeurs qui ne seront pas sans effets significatifs sur nos modes de vie : le changement climatique et les conflits du XXIe siècle sont des aspects majeurs de la question des frontières.

Frontières et mobilité

Pour comprendre les frontières, il faut peut-être se demander pourquoi les hommes se déplacent ? Selon la formule classique, de tout temps, les hommes se sont déplacés pour de nombreuses raisons qui ont été analysées par les chercheurs. Globalement, on peut observer des types de déplacements liés à la recherche de nourriture et des ressources, notamment dans les sociétés traditionnelles ; à des motifs religieux ou sacrés tels que les croisades aux Xe et XIe siècles ou encore les moines et mendiants errants[5] dans ces mêmes périodes, ou encore les déplacements pour des rituels religieux tels que chez les Aborigènes australiens, ou encore les pèlerinages (La Mecque, Lourdes, etc.). On peut également repérer des déplacements liés à la mobilité professionnelle, de plus ou moins longue durée, qui se caractérisent par la non-installation définitive dans un autre pays ou une autre région pour ceux qui sont concernés. On comptabilise aussi des mouvements migratoires légaux ou non liés à la quête d'un mieux vivre qui ne disent pas de perspective de retour. Certains départs sont des déplacements de réfugiés en lien avec des situations politiques, religieuses, ethniques, de

---

[5] Sayah Jamil, « Le mendiant : un citoyen exclu », *Droit et Société*, 39-1998 (p. 401-413).

guerre ou plus récemment à des changements climatiques[6]. On peut ajouter à ces catégories de déplacements ceux liés aux populations nomades ou semi-nomades dont c'est le mode de vie. La modernité comme le décrit Jean Viard[7], se caractérise par ailleurs par de nouveaux types de déplacements liés à la fois au travail : on naît dans un lieu et on travaille et on vit dans un autre, mais aussi par les mouvements liés aux vacances plus importantes qu'au début du siècle. Ainsi chaque période estivale voit des millions de chassés-croisés de touristes plus précisément dans les sociétés modernes dont les citoyens ont un revenu et une capacité de consommation supérieure aux sociétés émergentes.

Les grands ensembles étatiques, Amérique du Nord, Russie, Chine, Inde, Brésil et Europe couvrent des territoires immenses à l'intérieur de leurs frontières qui permettent à la majorité des déplacements de s'y réaliser de façon interne, une partie moindre pour chaque pays restant liée aux déplacements hors des frontières.

États et frontières

Je rappelle ici que les frontières naissent avec les États à partir du XIIe siècle[8]. Dans l'Antiquité en Grèce, la *Polis* ou la cité-État exerçait son autorité sur la communauté des citoyens liés à un terroir et elle pouvait s'allier à d'autres cités contre des ennemis communs. La grande muraille de Chine et le limes romain sont d'autres formes des limites d'empires précédant la modernité : ici la frontière signifiait à la fois les confins mais également le front, la ligne où il fallait faire face aux éventuels ennemis.

---

[6] Sur ce thème Serge Dufoulon, « Colères des temps et réfugiés climatiques : pour une approche sociologique », VertigO – la revue électronique en sciences de l'environnement [En ligne], Débats et perspectives, mis en ligne le 1er octobre 2013, consulté le 4 octobre 2013. URL : http://vertigo.revues.org/13964 ; DOI : 10.4000/vertigo.13964

[7] Jean Viard (dir.), *La France des temps libres et des vacances*, Éditions de l'Aube, 2002.

[8] Lucien Febvre, « Frontière : le mot et la notion », *Revue de Synthèse historique*, Paris, XLV, juin 1928, p. 31-44.

À partir du XIIe siècle, la préoccupation des États est d'établir une influence et un contrôle accru sur un territoire politiquement marqué pour plusieurs raisons : il s'agit de lever les impôts sur les habitants d'un pays, prélever également des taxes sur les marchandises qui circulent mais aussi d'organiser la conscription pour alimenter les armées en hommes. En ce sens, les frontières vont dessiner des zones spatiales d'unité politique et de développement économique sur lesquels et à partir desquels le pouvoir va asseoir son autorité. Dans la compétition entre les États, les conflits de frontière et les remaniements d'espaces nationaux ont occupé une place importante dans l'histoire de l'Europe moderne et contemporaine que l'on songe aux conflits récents au Kosovo, en Géorgie, etc. Le politique qui s'incarne dans l'État plus particulièrement doit se territorialiser et on peut distinguer avec Marc Abelès[9] les catégories de l'espace de la représentation politique (homogène) et l'espace de l'action politique (hétérogène), en ce sens, on peut dire que la frontière est un lieu de tension où s'expriment ces deux aspects de l'État. Les représentations modernes de la frontière peuvent prendre la forme de postes de contrôle et de transit mais également de lignes de défense interminable, « le mur de fer », les tranchées, parfois des constructions architecturales et mécaniques sophistiquées et dures telles que la fameuse ligne Maginot, et aujourd'hui des aspects plus symboliques tels que l'espace Schengen.

Outre les motifs avancés plus haut, les frontières peuvent protéger ou enfermer les habitants d'un pays en délimitant un territoire. Elles déterminent une unité et des relations d'appartenance ou de soumission et de loyauté en séparant un pays d'avec d'autres espaces nationaux. Cette tension entre une unité nationale et la séparation au niveau des États contribue à créer un « Nous » par rapport aux « Autres » que l'État a la charge d'administrer, il s'agit de susciter un sentiment d'unité nationale et de le matérialiser sur le terrain. À l'intérieur de ces frontières, les divisions ne sont pas absentes d'où des tensions internes liées à la construction hégémonique de l'État sur les

[9] Marc Abélès, *Anthropologie de l'État*, Paris, Armand Colin, 1990, p. 110.

régions déterminées par des cultures, voire des langues originales, que l'on songe à la situation de la Corse, du Pays Basque, de la Bretagne, de la Flandre, etc. La fracture peut être plus importante lorsque l'État est fortement centralisé et devient un frein au développement local. L'État est la plupart du temps structuré sur un mode centre/périphérie établissant une hiérarchie des cultures centrales et régionales. Cependant c'est l'impôt qui relie les structures de l'État et les communautés.

Aujourd'hui, l'État-nation demeure un cadre de référence de la pensée politique et des frontières, mais il ne se présente plus comme le seul moyen de cohésion sociale sur un territoire donné. D'autres formes d'appartenance et de communautés sont émergentes, soit dans le cadre d'espaces transnationaux, polyethniques et multiculturels, soit par suite de phénomènes de fragmentation et de déconstruction interne. La globalisation à laquelle on assiste contribue à la redistribution des cartes là où les États avaient tenté de figer les cultures régionales et locales.

Lire la frontière à partir d'une approche anthropologique

Les limites territoriales existent dans les sociétés traditionnelles mais elles n'ont certainement pas le sens, la forme et l'usage des frontières modernes. Dans ces sociétés traditionnelles, le culturel, le politique, le religieux et le social coexistent et sont indissociables les uns des autres, c'est d'ailleurs ce qui est au fondement du lien politique. Une approche anthropologique de la frontière dans ce cas est nécessairement axée sur la question de la culture, du territoire ou encore de « l'espace social »[10] localement défini.

À l'opposé des sociétés modernes, en ce qui concerne la dimension du politique, dans les sociétés traditionnelles, le pouvoir n'est pas synonyme de centralité, de coercition et la relation de commandement n'est pas opératoire, et la représentation du territoire dans les populations s'en ressent. Ces sociétés sont homogènes et le pouvoir n'est pas séparé de la

---

[10] Georges Condominas, *L'espace social à propos de l'Asie du Sud-Est*, Paris, Flammarion, 1980.

société, c'est elle qui le détient comme une totalité en vue de maintenir son être indivisé pour éviter l'apparition d'inégalités entre maîtres et sujets, entre le chef et la tribu comme on peut l'observer dans les travaux de Pierre Clastres[11] ou encore dans la relation de la tribu au chef décrite par Claude Lévi-Strauss chez les Nambikwara[12]. Ici d'ailleurs pas question d'hégémonie du pouvoir lié aux possessions et à la capacité de prélever l'impôt car le chef ne possède rien et les biens et les ressources sont répartis selon des modalités dans lesquelles le rang ne tient aucune place et le chasseur ou préleveur est bien souvent le dernier servi. Ces sociétés ont un centre politique qui est le cœur géographique de la tribu mais chaque membre en est le possédant, sans compter qu'il existe dispersés d'autres lieux de pouvoir.

L'espace et le territoire sont symboliquement investis par le social et le culturel : toute mise en production culturelle est une mise en production symbolique comme le démontre Marshall Sahlins[13], à savoir une production de sens de l'espace et une toponymie qui consacrent une mythopraxis, les lieux où des évènements sacrés ont construit les représentations de la tribu ou de certains de ses clans. Ce sont d'ailleurs des espaces consacrés rituellement. Ainsi chez les Aborigènes australiens[14], le territoire d'appartenance se définit non pas par des constructions politiques ou géométriques mais bien plutôt par la manifestation des esprits et du sacré en des lieux précis, ce qui donne une représentation du territoire très difficile à appréhender pour un Occidental en définissant des lignes de force non assimilables à notre conception naturelle et/ou euclidienne de l'espace. On peut imaginer la difficulté des sociétés minières pour définir la « propriété » aborigène pour l'exploitation des ressources minières quand d'un lieu de rituel à l'autre, la cohérence du territoire est liée à une errance rituelle ou à la manifestation d'un enfant esprit dans le ventre d'une

[11] Clastres P., *La société contre l'État*, Paris, Minuit, 1974.

[12] Claude Lévi-Strauss, *Tristes tropiques*, Paris, Plon, 1955.

[13] Marshall Sahlins, *Au cœur des sociétés. Raison utilitaire et raison culturelle*, Paris, Gallimard, 1980.

[14] Elkin. A. P., *Les Aborigènes australiens*, Paris, Gallimard, 1967.

femme enceinte, ses premières douleurs, et non à une définition définitive du terrain.

Ainsi, l'organisation du territoire dans une société traditionnelle repose sur différents facteurs : c'est la proximité qui marque le territoire, soit ce qui est accessible par les sens et l'entendement. La quête de la ressource est également primordiale pour la survie de la tribu, ce qui signifie que l'appréhension du territoire est aussi liée à la division sexuelle du travail, soit la chasse et la cueillette. Les hommes seraient amenés par la recherche du gibier à avoir une représentation plus large du territoire que les femmes sans que cela ne soit facteur de domination.

La stratification sociale en castes, clans, etc., va également morceler le territoire en domaines respectifs d'appartenance. Être d'un clan relié symboliquement à un animal totem revêt des droits et des obligations en termes de rituels et de relation à l'espace. L'espace des sociétés traditionnelles est conçu également pour donner sa place à chaque tribu et il est rarement question de conquête, tout au plus de joutes et de guerres rituelles pour l'honneur, pour les femmes ou pour des conflits de co-voisinage. Les modalités de coexistence entre ethnies sur un territoire sont connues et acceptées par tous y compris les « jeux de guerre ». Elles sont basées sur les relations de parenté et d'alliances, sur les relations aux esprits et aux défunts, emplacements sacrés et tabous comme l'a décrit Rémo Guidieri[15] : « autour des villages en Asie se trouvent les lieux où résident les esprits et les morts, des endroits dangereux où les indigènes ne s'aventurent pas, même s'ils appartiennent à une autre tribu ».

On a ici une relation entre modes d'appropriation du territoire et utilisation des ressources collectives (communautaire, clanique, lignagère, etc.), nécessité de coexistence, séparation entre morts et vivants, sacralisation du territoire et ritualisations, etc. Dans ces cultures traditionnelles, tout est relié, devient signifiant y compris la nature et il est impossible d'évoquer un aspect culturel ou social, voire une

[15] Rémo Guidieri, *La route des morts*, Paris, Le Seuil, 1980.

institution sans considérer les autres car ces sociétés sont des totalités de sens y compris à travers l'art : certaines peintures aborigènes sont des représentations du territoire du « temps du rêve », la mythologie. Dans ces conditions, la notion de frontière n'est pas pertinente car l'essentiel dans ces sociétés est ce qui relie l'Homme à son environnement et non ce qui sépare. La frontière ne s'arrête pas au terroir. Elle englobait également un tissu complexe et ramifié de relations fondées sur les associations matrimoniales.

Le levier central de l'action politique dans les sociétés traditionnelles est l'échange sous toutes ses formes. Il est au fondement du lien politique et social. Il se manifeste le plus fortement dans le don comme l'a analysé Marcel Mauss[16]. Effectivement, les réseaux d'échanges déterminent des réseaux d'alliances et des itinéraires de l'échange comme on peut le lire dans les travaux de Bronislaw Malinowski à propos de la Kula[17], ce rite d'échange qui mobilise toutes les sociétés traditionnelles sur un espace maritime et terrestre extrêmement vaste. Les formes de territorialités symboliques ne connaissent pas les frontières, « *L'analogue primitif du contrat social n'est pas l'État, c'est le Don* » (Marshall Sahlins[18]).

Ainsi, les sociétés traditionnelles luttent pour préserver l'indivision et l'autonomie car ces sociétés sont toujours menacées et ne cessent de se prémunir contre l'aliénation et l'inégalité.

« *C'est par le don que se concrétisent l'association des groupes et la socialisation des individus.* » Alors l'échange est pensé comme « *l'unique réponse possible à la guerre de tous contre tous.* », nous dit encore Marshall Sahlins. On est bien là dans un ethos d'ouverture aux mondes alors que dans les sociétés modernes, il s'agit davantage de contrôler, de réguler, voire de fermer pour rester dans un entre-soi.

---

[16] Marcel Mauss, *Anthropologie et sociologie*, Paris, PUF (1950) 1991.

[17] Bronislaw Malinowski, *Les Argonautes du Pacifique occidental*, Paris, Gallimard, coll. « Tel », 1922, rééd. 1989.

[18] Marshall Sahlins, *Âge de pierre, âge d'abondance*, Paris, Gallimard, 1972.

Retour à la modernité

Ce détour par les sociétés traditionnelles permet de saisir les problématiques d'aujourd'hui sous d'autres aspects en ce qui concerne les sociétés modernes. Nous connaissons des changements structuraux qui menacent nos sociétés de tomber dans le chaos, quoique même dans cet état, quelques-uns pourraient en tirer profit, mais la question au fond est toujours de répondre aux besoins de sécurité que les citoyens exigent légitimement de l'État, répondre à la nécessité de commercer en paix et de circuler sans danger pour les hommes comme pour les marchandises. Ici, l'étude des sociétés traditionnelles montre qu'il nous faut revenir à une appréhension forte du local car c'est là que se fait la rencontre avec ce qu'il est permis d'appeler, front, frontière, séparation entre nous et eux. À partir de cette position, dans ce cas, les frontières sont, qu'on le veuille ou non, intégrées car les citoyens ne savent plus de quel côté de la frontière ils sont pour peu qu'il en subsiste une. Si on observe depuis la station spatiale un pays, où sont les frontières politiques ? Si on zoom à l'extrême sur une frontière de ce pays, une ville, une rue, un coin de rue… où est la frontière ? La carte n'est pas le territoire et les dimensions cognitives et mentales de la frontière sont historiquement construites, ce que des hommes ont fait en un temps historique peut être défait. La question n'est donc pas de redessiner les frontières, cela ne résoudrait rien. La nécessité est d'articuler, d'interrelier la vision d'en haut et celle d'en bas, celle de l'État et celle localement des gens, surtout ceux qui se nourrissent de la frontière. Où se situe la limite de partage entre l'eau et le sable ? Échange perpétuel…

Il n'est frontière qu'on n'outrepasse

Hedi SAIDI

Nous vivons dans un village planétaire où les nouvelles technologies, la finance, le commerce mais aussi l'information, la culture et le sport ont fait voler en éclats les barrières nationales. Mobilité, fluidité, adaptabilité, le tiercé semble paré de toutes les vertus et chaque métier peut désormais revendiquer le label « sans frontières ». Sport sans frontières, Médecins sans frontières, musiques sans frontières, cinéma sans frontières, reporters sans frontières, douanier sans frontières c'est peut-être pour demain.

Un cours d'eau, une montagne, un mur ne suffisent plus à instituer des frontières et à mettre en place la séparation entre deux pays. Toutes les frontières ont été retracées par les hommes, définies au terme de guerres et de négociations, fixées dans des traités. Dès le traité de Tordesillas en 1494, les colons espagnols et portugais s'entendent sur un partage du monde. Ce partage des influences communes sera confirmé en 1529 dans le traité de Saragosse. À l'aube du XVIe siècle, les Antilles, les Caraïbes, l'Amérique, Portugais et Espagnols découvrent de nouveaux territoires. Soucieux de préserver leur mainmise sur l'or, les épices et les multiples richesses de ces « terres inconnues », ils ne tarderont pas à s'entendre sur un partage du globe.

Quatre siècles après ; les Français et les Britanniques redessinent la carte du continent africain dans la conférence de Berlin (15 novembre 1884-26 février 1885) au prix d'un découpage et d'une division arbitraire et au mépris des réalités locales.

Le 10 août 1920, le traité de Sèvres signé entre les Alliés et l'Empire ottoman organise la dislocation de l'Empire ottoman en lui enlevant les quatre cinquièmes de ses anciens territoires et ils établissent leurs mandats au Proche-Orient avec des conséquences politiques sociales et économiques et des clivages artificiels.

Quant aux frontières nationales, elles n'ont pas davantage disparu. Au centre de multiples conflits territoriaux, elles se sont même étendues (depuis 1991 et la disparition de l'URSS) plus de vingt-sept mille kilomètres de frontières ont été créés dans le monde, venant s'ajouter aux deux cent vingt mille kilomètres déjà existants et renforcés. Des militaires, des soldats surveillent nuit et jour ces frontières fusil en main pour empêcher le passage des hommes. Entre Israël et la Palestine, l'Inde et le Bangladesh, l'Ouzbékistan et le Kirghizstan, les États-Unis et le Mexique, des murs se dressent pour empêcher le voisin indésirable d'y pénétrer.

En dépit de la multiplication récente du nombre des États à la surface de la Terre, le monde tend à se constituer progressivement en un système unique. La révolution des transports a contribué à rétrécir l'espace, celle des télécommunications l'a « supprimé ». Désormais, grâce aux satellites, les informations circulent en temps réel, c'est-à-dire instantanément. La révolution de l'informatique permet de stocker et de traiter ces informations en quantités prodigieuses. Ainsi le champ d'action des décideurs en matière économique et financière s'étend à la planète tout entière. Certains parlent d'un « monde global » dans lequel circulent des flux de plus en plus intenses d'informations, de capitaux, de marchandises et de main-d'œuvre. Mais ces soldats frontaliers n'arrêtent pas les migrations, ils les filtrent. Minutieusement gardé, le mur est fait de cylindres d'acier de 5 mètres de haut, de sections de grillages et de béton ponctués de projecteurs et de caméras de surveillance détectant les mouvements aux abords du mur.

La barrière possède mille huit cents tours de surveillance, avec près de dix-huit mille hommes de la *Border Patrol* pour en assurer la surveillance[19]. Même les murs ont eu besoin de leur convention, à Montego Bay en 1982, l'ONU a défini les règles du partage des eaux territoriales, afin d'en finir avec un désordre qui profitait surtout aux nations les plus puissantes. Les frontières sont si peu naturelles que les États éprouvent souvent le besoin de les matérialiser. Et ils ont trouvé toutes sortes de moyens pour y parvenir : ériger des murs, dresser des barrières ou tendre des fils de barbelés.

L'ambivalence des frontières partage les peuples et les cultures en même temps qu'elle rassemble et les préserve, qui sont source de guerres mais constituent des espaces d'échanges, de négociations, de rencontres culturelles, commerciales et diplomatiques. Menaçantes et protectrices, elles cristallisent les « *deux manières de se perdre* » définies par Aimé Césaire, « *par ségrégation murée dans le particulier et par dilution dans l'universel* ».

Les frontières : une construction sociale

Une frontière est un espace d'épaisseur variable, de la ligne imaginaire à un espace particulier, séparant ou joignant deux territoires, en particulier deux États souverains. Les fonctions d'une frontière peuvent fortement varier suivant les régions et les périodes[20]. Le rôle des rapports de force est crucial dans la

---

[19] Le mur se compose de deux barrières parallèles entre lesquelles passe une route de patrouille destinée à la *Border Patrol* qui l'emprunte quand elle doit intervenir. Devant chaque barrière est creusé un fossé destiné à empêcher l'approche de véhicules et devant chaque fossé, a été érigée une ceinture de barbelés de plus de 2 mètres de hauteur. La largeur totale de l'installation est d'environ 40 mètres. La barrière est aussi composée de barrières routières et de points de contrôle. En dépit de cette minutieuse protection, la frontière américano-mexicaine est la plus franchie au monde, en toute légalité, avec plus de cinquante millions de passages par an.

[20] En 1938, le géographe français Jacques Ancel, spécialiste des Balkans, s'oppose à ces théories de la « frontière juste et naturelle », qui fixent des frontières de civilisations. Il définit les frontières comme une production humaine, reflets des groupements étatiques. Pour les étudier, il s'intéresse donc à ce qu'elles enserrent. Après avoir défini des typologies de frontières et nié au passage la capacité des « sociétés primitives » à en produire, il en vient

formation des frontières, mais il peut se manifester de diverses manières. Il peut s'agir directement de la confrontation de deux puissances voisines, par exemple, lorsque Napoléon annexe l'Italie du Nord. Il peut s'agir aussi du produit de calculs stratégiques plus complexes. Cela est particulièrement vrai dans les régions dominées par des puissances distantes. L'Afrique fut ainsi pour l'essentiel « partagée » entre États européens à la fin du XIXe siècle en fonction des rapports de force qui existaient en Europe. La situation est un peu différente dans les cas où deux États faisaient partie d'un même ensemble colonial, comme l'Empire colonial espagnol où les frontières ont été révisées après les indépendances.

La question des frontières, fort classique en géographie, a été renouvelée depuis quelques années. Des travaux récents ont montré que les frontières ne sont pas simplement des lignes statiques (quoique potentiellement contestées) de segmentation physique et symbolique des espaces et des territoires nationaux, mais qu'elles interviennent de manière déterminante dans la structuration des espaces qu'elles affectent, à différentes échelles. Loin de connaître une érosion généralisée des frontières, l'époque contemporaine connaît au contraire une intense production frontalière, au point que les frontières apparaissent comme une « obsession » contemporaine (M. Foucher). Elles se transforment néanmoins, sous l'influence de nouvelles manières de concevoir et d'exercer le pouvoir politique, le contrôle des territoires et des populations et la souveraineté nationale. Elles influent sur les manières de produire et de consommer et sur les circulations actuelles d'objets, de capitaux et de personnes. Dans un monde qui change, la fonction des frontières et les pratiques concrètes dont elles sont le support se modifient selon des processus très sélectifs (ouverture/fermeture) parfois spectaculaires (murs).

à proposer de les considérer comme « une isobare politique qui fixe, pour un temps, l'équilibre entre deux pressions ; équilibre de masses, équilibre de forces ».

Une construction forcée

À l'heure où la mondialisation tend à homogénéiser les espaces, à travailler à la construction du « village global », force est de constater que les frontières n'ont jamais été autant un sujet d'actualité. Michel Foucher a montré dans ses ouvrages[21] qu'on avait même assisté à une multiplication des États et donc des frontières à la surface de la planète durant les deux derniers siècles de l'histoire de l'humanité. Il parle d'un processus d'*horogénèse*. Et ce phénomène ne s'est pas limité aux espaces terrestres ; il a aussi affecté les espaces maritime et aérien. Il n'est pas toujours négocié et pacifique. Des conflits territoriaux d'une grande violence ont pu éclater et éclatent encore périodiquement. Et ils ne sont pas le fait uniquement du monde en développement. L'Europe balkanique dans les années 90 en a été le cadre tragique.

La majorité des frontières mondiales ont été tracées sans demander l'avis des populations locales[10]. Cependant, à partir de la Révolution française essentiellement naît l'idée de l'État-nation, selon laquelle les limites étatiques doivent correspondre au territoire d'un peuple. Dans les faits, c'est surtout depuis la Première Guerre mondiale, le droit à l'autodétermination est devenu un principe structurant du système politique mondial, du moins au point de vue théorique. Sous la pression américaine, la carte de l'Europe fut redessinée en 1918-1919 pour mieux prendre en compte le principe des nationalités. Dans certaines zones au statut indécis, un référendum auprès de la population locale est prévu par le traité de Versailles.

La dissolution de l'Empire austro-hongrois destinée à remplacer un empire multinational par des États-nations a donné naissance à des États multinationaux plus petits :

- la Yougoslavie était peuplée de Serbes, de Bosniaques, de Croates, de Slovènes et de Macédoniens sans compter des minorités albanaises, hongroises, roumaines et italiennes ;

[21] Géographe et universitaire français. Ses travaux portent sur les questions d'État et de frontières en Europe et dans le monde. Parmi ces travaux, *L'invention des frontières* paru en 1986 ; *L'Europe et l'avenir du monde* paru en 2009 aux éditions O. Jacob et *Pouvons-nous vivre sans frontières* paru en 2008 aux éditions R. Laffont.

- la Tchécoslovaquie était peuplée de Tchèques, de Slovaques, de Ruthènes, de Hongrois, d'Allemands et de Polonais.

En effet, le principe de l'État-nation s'est parfois révélé difficile à mettre en œuvre sur le plan pratique. Dans certaines régions, il n'a pas été possible de créer des États-nations homogènes. Les signataires des traités de l'après-guerre 14-18 se sont trouvés confrontés aux raisons pour lesquelles ces populations n'avaient justement pas d'État-nation : les populations y étaient très diverses et imbriquées sur des territoires non viables économiquement par eux-mêmes. Une autre stratégie a été adoptée pour atténuer les dissensions au sujet des frontières : non plus faire correspondre les frontières aux nationalités mais à la géographie et à la complémentarité économique, avec l'espoir de créer un sentiment national dans des entités étatiques aux contours *a priori* arbitraires. C'est un peu la stratégie adoptée par l'Organisation de l'unité africaine en déclarant intangibles les frontières héritées de la période coloniale[22]. Si un sentiment national semble s'être progressivement créé dans des pays africains, des tensions indépendantistes subsistent de par le monde chez des populations qui ne se reconnaissent pas dans l'État auquel elles sont rattachées.

Après avoir expliqué le processus des frontières dans l'histoire, nous allons parler des mobilités humaines à travers les époques. Pour cela nous avons choisi de parler de la participation en Belgique et en France des soldats coloniaux tunisiens dans la Première Guerre mondiale. Les déplacements de ces milliers d'hommes pour servir la France (pourtant pays colonisateur de la Tunisie depuis 1881) sont un événement majeur marquant le début de la mondialisation. Ensuite nous allons évoquer les travailleurs coloniaux venus donner main-forte à la France et remplacer les hommes partis sur les fronts. Nous parlerons de leur recrutement et du contexte de leur installation dans la métropole. Ces deux thèmes sont malheureusement ignorés par les historiens tunisiens, peu

[22] Résolution de l'OUA adoptée en 1964 au Caire.

d'écrits. Des déplacements au Service historique de la Défense (SHD) à Vincennes nous ont été nécessaires pour la rédaction de ces deux chapitres. On constate que plus la Guerre se prolongeait et plus la France devenait indépendante de ses colonies. Malgré leur inexpérience, malgré tout, ces soldats étaient d'après les officiers français d'une grande bravoure et d'un grand courage. Redoutés et redoutables dans les premières lignes, ils ont eu un effet psychologique et réel sur leurs adversaires.

Enfin la troisième partie touche une nouvelle vague d'immigration, les *harraga*[23]. Pour le rédiger, nous nous sommes appuyé sur des témoignages de *harraga*, responsables associatifs, des articles de presse en arabe et des rapports d'institutions internationales comme la PNUD.

I – Les soldats coloniaux tunisiens franchissent les frontières pour aider la France pendant la Guerre 1914-1918

Oubliant les frontières géographiques, idéologiques, religieuses et politiques des milliers de soldats et de travailleurs tunisiens franchissent les frontières pour aller défendre la liberté. Situation paradoxale que vivaient ces hommes : colonisés par la France après le traité du Bardo le 12 juin 1881, ils partent enthousiastes pour défendre ce pays.

Ils viennent des colonies, ils viennent de loin

« *Nous venons des colonies. Pour sauver la patrie* », disait le chant des tirailleurs, « c'est nous les Africains. »

Des paroles qui s'accordaient à la musique de l'histoire de la Guerre 1914-1918. La Grande Guerre a inauguré l'apparition de nouveaux courants d'immigration vers la France à partir de l'Empire.

---

[23] Littéralement le mot *harga* désigne « brûler ». En langue arabe. Dans le sens figuré, cette expression est utilisée pour désigner la traversée irrégulière de la Méditerranée dans le sens Nord/Sud. Le terme de *harraga* signifie « brûlot », celui qui brûle, qui fait flamber et vient de *haraqa* : brûler, flamber, calciner (les frontières), sans identité, sans passeport. Les *harraga* sont en général des jeunes, de 16 à 35 ans, des hommes.

La France mobilisa 600 000 hommes dont la moitié du Maghreb, le 1/3 d'Afrique noire et si on ajoute les travailleurs, on pense qu'ils étaient environ 900 000 qui passèrent en quatre ans dans la Métropole[24]. La question de l'emploi de ces indigènes dans les combats avait été soulevée lors de la première crise du Maroc en 1905. À l'époque, beaucoup s'étaient alarmés du déséquilibre démographique de la France face à l'Allemagne. Le colonel Mangin avait écrit dans son livre *La force noire*, paru en 1910, qu'il considérait que l'Afrique était une réserve humaine pour la France et qu'elle était, d'après lui, naturellement destinée à être un grenier à soldats. Il évoquait même l'idée d'une France à cent millions d'habitants pour pallier ce déficit démographique[25]. Ces nouveaux arrivants occupent une place particulière, ils ne sont pas français et ne sont pas comptabilisés comme étrangers. Ils constituèrent ainsi une sorte de catégorie à part des « soldats et travailleurs coloniaux », née de leur appel au secours de la France pendant la Guerre 1914-1918. Dans ce contexte de pré-guerre, l'appel à ces soldats met fin à des hésitations qui n'ont que trop duré d'après le bouillonnant colonel Mangin.

Pour pallier le manque de soldats, les proconsuls aux colonies[26] ont fait circuler l'idée d'une participation « enthousiaste » des colonies. Proposition combattue par les socialistes et Jean Jaurès dénonçant « une armée au service des prétoriens ». Mais surtout mise en cause par des évènements survenus dans ces colonies[27]. Ils sont les indigènes venus prêter main-forte à la « Mère patrie » pendant la Première Guerre mondiale. Ces soldats ne sont pas des soldats de métiers mais de simples conscrits sans aucune expérience. Avant de les

---

[24] Par comparaison, l'Empire britannique a mobilisé 800 000, rien qu'en Inde. Chiffres empruntés à Marc Michel de son livre *Les Africains et la Grande Guerre. L'appel de l'Afrique*, p. 11.

[25] Il y a eu d'autres projets : Pannequi a évoqué d'armée jaune en Indochine, A. Mesiny d'armée numide (de conscription en Algérie).

[26] Comme le député noir du Sénégal Blaise Diagne promu commissaire de la République. Cité par Marc Michel dans son livre *Les immigrés dans les grands débats du XXe siècle*, p. 12.

[27] C'est le cas à l'ouest du Burkina actuel en 1915-1916 où la population s'est violemment opposée à cette opération de recrutement. La plus grande révolte en AOF.

emmener sur les fronts, il est nécessaire de leur apprendre à manier les armes.

Les troupes coloniales dans la Guerre 1914-1918

La contribution globale des colonies à l'effort de Guerre[28]

	Combattants en Europe	Tués	Travailleurs
Algérie (musulmans uniquement)	173 000	23 000	76 000
Tunisie	58 778	10 500	18 358
Maroc	25 000	2 043	30 010
A.O.F/A.E.F	164 000	33 320	
Madagascar	45 860	2 368	
Indochine	43 430	1 123	49 000
Côte des Somalis	2 000	400	
Pacifique	1 000	325	
Antilles/Guyane	23 000	2 037	
Réunion	14 423	3 000	5 535
Total	550 491	78 116	183 903

La Régence de Tunis et la Première Guerre mondiale

La tradition militaire solide en Tunisie existait bien avant le protectorat français. Les troupes militaires n'ont pas été créées par les Français comme cela a été le cas au Sénégal. Une certaine autonomie a été préservée. On ne peut pas réellement parler de « nos tirailleurs » en parlant des Tunisiens, comme on le disait pour les Sénégalais.

La Tunisie était donc mieux préparée que l'Algérie à fournir des soldats. Au lieu d'introduire le recrutement, il avait suffi de réorganiser beylicale traditionnelle. Elle comportait le devoir

[28] Nous empruntons ces chiffres à René Naba tiré de son livre, *Du bougnoule au sauvageon. Voyage dans l'imaginaire français*, p. 153.

général de se présenter, sauf pour les Israélites, les Tunisois, les soutiens de famille et les instruits (étudiants de la Zitouna – enseignement religieux –, titulaires de certificat d'études primaires). Les recrues étaient levées annuellement par tirage au sort parmi les classes d'environ 13 000 non exempts âgés entre 18 et 35 ans. Ceux qui tiraient les bons numéros (libération de service) devaient se présenter encore une fois l'année suivante. Les autorités françaises recrutent des soldats et des travailleurs tunisiens à tour de bras. La conscription consistait en la sélection, par des comités militaires officiels qui parcouraient les villes et les villages de tout le pays. Ce n'était pas un processus égalitaire. Les Tunisiens diplômés comme certains dirigeants nationalistes étaient exemptés. En outre, les Français autorisent les riches tunisiens à payer une taxe pour que leurs enfants ne soient pas enrôlés. Le service durait trois ans suivis de sept ans de réserve. Pendant la guerre, le recrutement fut intensifié par divers moyens mais non sans prudence.

Quand les Tunisiens font tomber les différentes frontières pendant la Grande Guerre

D'après le premier recensement de la population tunisienne établi en 1911, la Tunisie comptait 1 700 000 habitants dont 880 000 Italiens, 48 000 Français. Au début de la Grande Guerre en été 1914, la France en plus des militaires avait besoin d'une main-d'œuvre qui serait effectuée à l'agriculture et aux divers autres métiers. La Tunisie va donc envoyer en plus des soldats des travailleurs coloniaux. Quelques mois après le déclenchement des hostilités, le recrutement des soldats coloniaux commence. Le 1er septembre, le commandant en chef des forces terres et mer d'Afrique demande la levée de 2 600 soldats[29]. Le 16 septembre, 400 tirailleurs du 8e régiment et 600 du 4e quittent port de Bizerte (Nord de la Tunisie) à destination de Noisy-le-Sec. Le même jour, 1 200 tirailleurs du 4e régiment également à destination de Noisy-le-Sec. Le 30 septembre, le vapeur « Alsace » quitte Bizerte avec 750 hommes du 4e tirailleurs dont 128 hommes à destination dépôt d'Arles et 630 hommes à destination Noisy-le-Sec, il arrive le 2 octobre à

---

[29] Service historique de la Défense – SHD –, Vincennes, télégramme n° 31563 pièce 421.

1 heure. Le 6 octobre 1914, 197 gradés du 5e groupe d'artillerie partent pour le dépôt de Bordeaux[30].

Les soldats

Année	Tirés au sort	Mobilisés	Exemptés
1914	24 000	4 212	14 352
1915	24 000	4 213	1 922
1916	26 000	5 772	2 949
1917	36 000	14 354	4 858
1918	21 000	11 741	/

Les Travailleurs

1917	9 474
1918	4 858

Source SHD GR 7N 447.

Pour relever le moral des militaires tunisiens, le commandement prend diverses mesures destinées à leur montrer l'intérêt qu'il leur portait. Des voix civiles se font également entendre. Charles Gide, président de l'Alliance franco-indigène, propose le 6 novembre 1914 au ministre de la Guerre d'accorder aux combattants originaires des colonies et protectorats ainsi qu'à leurs familles les droits de citoyenneté française, argumentant que l'empereur de Russie avait promis aux Polonais et aux Juifs ces avantages. Le ministre est favorable à cette demande et par lettre du 16 novembre à son collègue de l'intérieur, appuie cette mesure en arguant qu'il y a peu d'engagés et qu'une telle naturalisation augmenterait le loyalisme de ces militaires et assurerait une parité de solde avec les Français. Mais aucune suite officielle ne sera donnée à cette suggestion. Il en fut de même pour la proposition de la commission aux affaires musulmanes. Cette dernière estimait dans sa séance du 2 décembre 1915 qu'il fallait donner aux combattants tunisiens des droits légitimes comme le droit électoral.

---

[30] SHD, Vincennes GR7 N2117 pièce 446.

Le 29 décembre 1914, le général Vérand, qui commande l'armée en Tunisie, demande au G.Q.G. de ne permettre à aucun permissionnaire indigène tunisien de rentrer dans le pays avant le départ de tous les soldats et réservistes de la classe 1914. Finalement, le nombre des mobilisés s'avère inférieur aux prévisions de l'autorité militaire. Alors que le contingent annuel de Tunisiens avant la guerre s'établissait autour de 4 000 hommes, il s'élèvera par la suite qu'à 3 100 pour la première année de la guerre et à 2 089 pour 1915, la moitié seulement étant considérée comme valable pour le service armé.

Cette situation astreint les responsables français de rappeler, dès le début de 1915, 10 classes de réservistes[31]. En 1916, 5 272 hommes seront appelés dans les mêmes conditions, mais les remplacés seront si nombreux que 2 585 seulement seront recensés. Malgré les demandes réitérées, Alapetite, Résident général, refuse le 25 octobre 1916, de modifier la loi sur le recrutement pour éviter une rébellion ouverte et ne point porter atteinte à l'autorité du Bey[32]. Durant l'année 1918, néanmoins, on arrivera à 10 000 appelés et 700 engagés volontaires. D'après les chiffres que nous empruntons à l'historien F. Arnoulet[33], la Tunisie fournira jusqu'au 1er décembre 1917 un contingent non négligeable de 48 700 combattants et de 12 300 travailleurs. L'autorité militaire le considère cependant comme insuffisant et prévoit pour la fin de l'année 1918 un chiffre global de 16 200 hommes qui ne sera point atteint malgré la suppression des remplacements et la révision des cas de dispense[34]. Il n'y aura finalement à cette date que 11 500 appelés dont 6 000 constitueront 12 bataillons sur le front français[35].

---

[31] Trois furent libérées ayant été effectuées illégalement. Cité par F. Arnoulet, p. 50.

[32] En revanche, le chiffre des travailleurs tunisiens se rendant en France en tant qu'ouvriers agricoles est augmenté, 12 000 partiront en 1917, 4 000 en 1918.

[33] Voir son excellent article intitulé *Les Tunisiens et la Première Guerre mondiale*, R.O.M.M.38 1984, p. 48-60.

[34] Lettre de Clemenceau à Alapetite, 10 octobre 1917.

[35] Service historique de la Défense – SHD – Vincennes 7N 2109.

Les Tunisiens dans la Guerre 1914-1918

Le nombre total des Tunisiens ayant participé à ce conflit s'élève à 80 339 hommes. 38 251 sont envoyés sur le front français formant ainsi 21 régiments mixtes de marche, 8 000 firent partie du corps expéditionnaire d'Orient. Les pertes s'élèvent à 35 900 tués pour une population de 1 800 000 habitants y compris 60 000. Le 2 août 1914, à la déclaration de guerre, on comptait 7 500 Tunisiens aux armes et 4 000 stationnés en Afrique du Nord. Les engagés étaient peu nombreux, 2 500 pour les 6 premiers mois de guerre, les échecs sur le front français en étaient la cause principale malgré le versement d'une prime initiale de 200 francs et d'une prime semestrielle de 100 francs en plus des indemnités identiques à celles qui étaient versées aux militaires français[36].

Au 1er décembre 1917, soit un peu plus de trois ans après le début du conflit, la Tunisie avait fourni 71 000 hommes se répartissant de la façon suivante : 12 000 étaient sous les drapeaux à la déclaration de guerre, 14 100 rappelés, 3 900 engagés, 18 500 appelés pour les classes 14, 15, 16 et 17 auxquels il faut ajouter 10 300 travailleurs coloniaux et 12 000 ouvriers agricoles qui constituaient les ajournés de 1917. On remarque que la majorité de ces Tunisiens incorporés aux unités de l'armée française lors de ce conflit étaient issus de familles à faible revenu et de zones rurales du pays comme Tataouine, Kairouan. Il a été de même leurs 30 000 compatriotes recrutés comme supplétifs économiques pour les Français envoyés au front.

Les procédures de mobilisation ont été déconcertantes pour ces hommes, étant donné qu'ils ont été amenés vers les villes côtières et embarqués sur des transports militaires pour le voyage vers le sud de la France. Une fois en France, la plupart des conscrits ont été envoyés sur le front de l'ouest, à la frontière entre la Belgique et le nord-est de la France. Dès le début de la guerre, les familles des déserteurs étaient victimes de divers moyens de pression tels l'envoi de gendarmes qu'elles étaient obligées de nourrir et de payer, des amendes ou

---

[36] SHD – Vincennes 7 N 2109.

l'emprisonnement pur et simple. Le 22 août, le régiment des tirailleurs tunisiens est en réserve à la ferme de Presle. Le soir, il est chargé d'organiser à l'arrière une position de repli et de s'y maintenir. L'armée française bat en retraite, il faut la protéger. Engagés pour la première fois le 23 août 1914 devant le plateau et le village à Hamzmelle en Belgique, les tirailleurs sont soumis dès le matin au tir de l'artillerie allemande[37]. Ces soldats ont vite découvert l'enfer de la guerre, l'atrocité des combats et l'horreur des tranchées aux côtés de leurs frères d'armes, « les poilus ».

Parmi les soldats qui s'illustrent dans cette Grande Guerre, nous trouvons le 4e RTT (Régiment de Tirailleurs Tunisiens)[38]. Celui-ci est composé de soldats tunisiens et de cadres français qui représentaient entre 20 et 30 % des effectifs. En 1889, il composait 6 bataillons de 600 hommes chacun. En octobre 1900, le 1er bataillon de marche est envoyé au Tonkin et rapatrié en 1901. En 1907-1908, les 2e et 4e bataillons sont envoyés au Maroc dans des combats contre les tribus hostiles au protectorat français dans les régions de Chaouia et de Fez.

Dans un message adressé au bey de Tunis, le 22 avril 1911, le ministre de France au Maroc, Eugène Regnault soulignait « la valeur, la discipline et le dévouement (...) au-dessus de tout éloge » dont faisaient alors preuve les tirailleurs tunisiens. De Ribemont à Amiens, en passant par le chemin des Dames, la Pompelle, l'Ertois, le bois de sabot, Auberine, Verdun – Soissons, la butte de Mesnil, la Damoise, le plateau de Gasteril et le massif de Marvaux, les faits d'armes des Tunisiens leur ont valu, outre la Croix de guerre, la Médaille militaire et la Légion d'honneur, 6 citations à l'ordre de l'armée ainsi qu'une

---

37 SHD, Vincennes, 1A2g 3413.

38 Sur ces tirailleurs, le maréchal Franchet d'Esparay de l'Académie française écrivait « *(...) Mais c'est sur les champs de bataille de France que sa gloire a éclaté aux yeux de tous. Sous le commandement de chefs héroïques, les Muller, les Daugan, les Auberin, le 4e tirailleurs a accroché à son drapeau, avec la Croix de guerre à six palmes, la fourragère rouge et la Croix de la Légion d'honneur. Je demeure fier d'avoir eu à plusieurs reprises et principalement en 1914 et pendant l'hiver de 1915, cette troupe magnifique sous mes ordres* ». Préface du livre *Tunisiens héroïques au service de la France*, Paris, édition Berger-Levrault, 1939.

participation au défilé de la victoire le 14 juillet 1919. Ce régime est « l'un des régiments les plus décorés de toute l'armée française ». Selon le ministre français de la Guerre, 16 509 de ses membres ont été tués pendant cette Guerre 14-18.

Les autres combattants indigènes de la Régence sont regroupés dès leur arrivée en France dans les dépôts d'Aix, d'Arles (Mont majeur) ou près d'Alès ainsi qu'à Tarascon et à Beaucaire. Un rapport en date du 22 juin 1915 de l'officier interprète Raymond signale que, si l'état d'esprit est bon, la principale revendication consiste dans le retard apporté au règlement des primes et aux envois d'argent aux familles restées dans le pays[39]. Ils ne sont point cependant isolés, des imams sont envoyés dans ces dépôts dès le mois de juin 1915 et une mosquée construite à Bachet près de Tarascon. Un arabisant, Marius Picot, haut fonctionnaire français, ancien consul général de France à Istanbul, est chargé d'assurer le contact entre les combattants tunisiens, la Résidence générale à Tunis et les autorités militaires. Il exhorte les recrues arrivées récemment dans la région d'Aix et d'Arles et dénonce la duplicité allemande vis-à-vis de la Turquie et de l'Islam en général[40]. Le bey y délègue deux notaires dès le mois de juin 1915 pour faciliter la rédaction des actes qu'ils pourraient solliciter, ils s'installent à Arles dans les dépôts du 4ᵉ et du 8ᵉ Tirailleurs. L'autorité française avait exigé qu'ils fussent originaires des territoires militaires du Sud, estimant que leur loyalisme serait sans faille. Dans les hôpitaux, les Tunisiens recevaient la visite d'officiers interprètes et des dames de la Croix-Rouge pour faciliter leurs démarches et les aider dans leur correspondance. Des cours d'agriculture à Carrière-sur-Bois et Nogent-sur-Marne sont organisés au profit de certains soldats tunisiens.

En 1917, l'industrie de guerre connut un essor spectaculaire, d'où l'orientation des besoins plus vers une main-d'œuvre à la

[39] Archives militaires – Vincennes SHD – 7 N 2103.

[40] Lors d'un rapport adressé à Delcassé, ministre des Affaires étrangères, le 29 octobre 1914, il écrit : « Les tirailleurs sont persuadés que les Allemands ne sont pas des ennemis des musulmans. Il faut user de l'influence des chefs religieux, payer des indemnités aux familles restées en Tunisie et donner gratuitement du tabac aux combattants. »

fois massive et spécialisée. En général, le nombre total des soldats 87 332 (hommes soldats, et ouvriers confondus). Ce chiffre représente près de 3,9 % de la population totale et 25 % de la population active (18-45 ans). La participation tunisienne est à ce titre la plus importante du Maghreb si l'on établit le rapport entre recrutés et nombre d'habitants, l'Algérie 3,5 % et le Maroc 1 %.

En 1918, l'appel donne environ 12 000 hommes bons pour le service armé. L'incorporation doit d'après Alapetite, résident général en Tunisie, commencer vers le 15 mars à raison de 2 000 hommes dans la deuxième moitié de mars et 3 000 dans chaque quinzaine suivante, et se terminer fin mai. Il estime que les jeunes soldats tunisiens doivent être embarqués pour la France aussitôt après leur incorporation et demandent que le transport commence le 1er avril. Il demande également que l'encadrement de ces recrues doive être fourni à la Tunisie en temps utile[41].

Vers la fin de la guerre, ces militaires commencent à exprimer une impression de fatigue et de lassitude, ils aspirent tous au retour au pays. Ils semblent s'occuper surtout d'eux-mêmes et de leur sort. Les préoccupations antérieures sur les récoltes et sur leurs familles commencent à occuper leurs esprits[42]. Durant cette guerre, les soldats tunisiens ont montré un grand courage et une grande bravoure. Leur moral était l'objet d'une attention particulière et d'une sollicitude très avertie. La « section des œuvres morales » avait pour but de rechercher et de porter à la connaissance de ces soldats tout ce qui peut exalter leur moral (fêtes musulmanes, souvenirs des morts...)[43] Dès la fin de la guerre, ces soldats sont renvoyés chez eux leur mission est terminée. Certains vont poursuivre la guerre dans d'autres pays sous le drapeau français comme en Indochine. Les frontières n'ont plus de sens pour ces combattants hors-norme.

---

[41] Note pour l'État-Major de l'armée, datée du 2 février 1918. SHD, 7 N 446-447.

[42] Rapport sur les opérations de la commission militaire de contrôle postal de Tunisie, pendant le mois de mai 1918. SHD, Vincennes, 7 N 2103 pièces 397-398.

[43] SHD, 7 N446 pièce n° 1157.

II – Les travailleurs coloniaux en France pour aider la « Mère patrie » (1914-1918)

Jusqu'à la fin de XIXe siècle, en dépit d'un raffermissement global de ses prérogatives, le rôle de l'État en matière migratoire demeure fort modeste. Les années 1880 sont celles à la fois d'un afflux important de main-d'œuvre étrangère et de forte poussée xénophobe qui conduisent les autorités publiques à réagir.

La présence en France des étrangers et des ouvriers coloniaux[44] pose à l'État un certain nombre des problèmes, notamment de surveillance et de contrôle[45]. Pour le résoudre, sont mis au point des procédures et des cadres institutionnels qui varient selon le « type » de main-d'œuvre : tandis que pour les étrangers, le gouvernement poursuit l'entreprise d'identification initiée dans les années 1880. C'est le cas dans la ville du Havre où se crée un bureau de centralisation des renseignements à l'État-Major du Havre. Il se préoccupe de la situation des indigènes et donne des ordres pour que leur identité et leur nationalité soient pourvues de carnets d'étrangers après enquêtes sur chacun d'eux. Pour s'aider dans cette tâche et dans la surveillance, la Sûreté du Havre recrute

---

[44] La solde journalière des ouvriers spécialistes ou non spécialistes est fixée comme suit en tenant compte de leur grade militaire pour ceux qui ont déjà servi : Adjoint 2,89 francs, maréchal des logis 1,95, brigadier 1,20, maître ouvrier 1,05, ouvrier de 1re classe 0,9 et ouvrier de 2e classe 0,75. La solde et la haute paie leur seront acquises dans toutes les positions, sauf le cas de prison. SHD, GR 16 N 2450.

[45] Trois actes marquent cette fin de siècle, le décret de 2 octobre 1888 impose aux étrangers qui se proposent d'établir leur résidence en France l'obligation d'effectuer, dans les quinze jours suivant leur arrivée, à la mairie de la commune où ils entendent se fixer, une déclaration spécifiant entre autres, leur profession, ou leurs moyens d'existence ; cette déclaration devait être renouvelée à chaque changement de domicile. Cette mesure ayant été jugée peu efficace, fut renforcée par la loi de 8 août 1893 « relative au séjour des étrangers en France et à la protection du travail national ». Et puis, le 10 août 1899 sont promulgués et connus comme les « décrets Millerand » qui donnent la possibilité d'imposer un pourcentage d'ouvriers étrangers, ne pas dépasser pour l'exécution des marchés de travaux publics ou de fournitures passés au nom de l'État, ce pourcentage était obligatoire pour le marché de l'État et facultatif dans les autres cas ; il était fixé par l'administration selon la nature des travaux et la région où ils devaient être exécutés.

parmi les indigènes locaux parlant le français quelques agents de la police susceptibles de servir d'interprètes. Les usines ont fait de même pour leurs ouvriers.

Les coloniaux sont donc militarisés et pris dans la « politique des races » qui s'installe alors sur le territoire même de la République. Au point de vue de leur statut, tous les ouvriers indigènes recrutés aux colonies dans les conditions prévues par le règlement du 12 février 1916 sont militaires. Ils sont donc traités comme militaires au point de vue discipline, maladies, accidents de travail, retraites. Ils appartiennent aux formations militaires de leur colonie d'origine (active réserve et engagés volontaires) et doivent être administrés suivant les règles applicables aux corps de troupe. Les engagés volontaires servent en vertu d'un engagement. Les engagements sont passés pour la durée de la guerre augmentée d'une période de six mois. Les militaires indigènes employés en France se divisent en deux catégories. La première est composée d'ouvriers de profession ou spécialistes et la deuxième de manœuvres ou non-spécialistes.

Cet appel massif représente un élément considérable dans l'historiographie de ce conflit mondial. Environ 250 000 ouvriers coloniaux et chinois furent acheminés en France en un temps record, au cours de la même période, environ 250 000 étrangers affluèrent également. Rien de tel en revanche pour les ouvriers étrangers assimilés à une main-d'œuvre « blanche », issue de pays neutres ou amis, et par conséquent soumise à des contraintes bien moindres. Ainsi sont acclimatés en France même et par les instances étatiques des modes de gestion de la main-d'œuvre jusqu'alors réservés aux territoires coloniaux, une acclimatation. Le rôle majeur de l'État peut également se lire dans l'apparition d'une gestion bureautique de la main-d'œuvre, de pratiques bureautiques dont on peut se demander si elles n'auraient pas défini peu à peu une politique. Cette gestion et ces pratiques peuvent se manifester dans l'affirmation d'un langage spécifique comme en témoigne le port de Rouen. La matricule des ouvriers militaires est tenue dans des conditions suivantes : chaque détachement est mis en route sur le dépôt des travailleurs coloniaux de Marseille. Le chef de détachement emporte un contrôle nominatif en double expédition et un état signalétique et des services de chaque mobilisé. Le contrôle est tenu à jour des mutations qui se sont produites en cours de traversée et remis à l'arrivée avec les états signalétiques au dépôt des travailleurs coloniaux de Marseille, qui annote les contrôles nominatifs de l'affectation en France, en conserve un exemplaire et transmet l'autre au groupement auquel l'ouvrier est affecté[46].

Les ouvriers originaires de l'Afrique du Nord, désireux de travailler en France, passent un contrat d'une durée de trois mois, ces travailleurs ne participent pas aux opérations militaires. Durant leur séjour en France, ces ouvriers reçoivent un salaire journalier, le logement, la nourriture et quelques effets d'habillement, et touchent également une prime d'engagement. Le salaire journalier n'est dû, d'après le règlement des conditions et obligations des ouvriers originaires de l'Afrique du Nord, que pour les journées du travail effectif. Il correspond à une journée de travail d'une durée de 10 heures (avec possibilité de faire des heures supplémentaires après l'horaire habituel). Dans le projet de contrat adopté entre l'État et l'employeur et adopté par la commission du 19 et 21 février 1916, ces ouvriers devront être employés exclusivement à des travaux intéressant la défense nationale (article 2) et que l'employeur s'engage à verser à chaque ouvrier une somme fixée selon un barème, variable suivant la catégorie et la série auxquelles l'ouvrier appartient ou sera promu au cours de son contrat (article 3)[47]. Il y eut en France, principalement entre 1916 et 1918 un nombre non négligeable d'incidents à caractère racial opposant des Français à des travailleurs coloniaux[48] recrutés pour l'essentiel en Afrique du Nord, en Indochine et en Chine. Ces incidents allèrent de la simple rixe opposant

[46] Le salaire journalier varie de 3 à 4,50 francs pour les spécialistes, et 2 à 3 francs pour les non-spécialistes. SHD, Vincennes, 16 N 2451.

[47] SHD, Vincennes 16N 2550.

[48] Rixes à Marseille, télégramme du 30 mars 1918 du général commandant le 15e régiment à la direction de l'infanterie. « Sur le cours Mirabeau et dans différentes rues de la ville entre chasseurs des bataillons d'Afrique et travailleurs. (...) Serai nécessaire vu excitation des esprits que dépôt d'Afrique soit déplacé sans retard. » SHD, Vincennes, GR7N17 pièce 417.

quelques individus jusqu'à de véritables émeutes pouvant impliquer plusieurs personnes[49]. Le renforcement des prérogatives étatiques en matière d'immigration se mesure également à une sorte de déploiement tous azimuts. L'État, jusqu'alors très timide en matière de gestion des flux migratoires, se transforme en État recruteur.

Les autorités françaises ont commencé à faire venir un nombre important de travailleurs coloniaux à partir de 1916. Avant d'être embarqués, ils sont groupés dans des « centres de rassemblement », situés dans les ports des pays d'origine. Une fois le regroupent et les premières formalités administratives accomplis, c'est l'embarquement à bord de bateaux de commerce. Avant le départ et pendant le voyage, une étroite surveillance est mise en place. Elle vise à empêcher tout mouvement de rébellion ou de défection[50]. La durée du voyage vers la France (dans des conditions très difficiles) est variable, elle peut excéder trois mois pour les pays les plus éloignés. Certains témoins décrivent ces hommes fraîchement débarqués comme devenus fous du fait de leur long périple.

Pendant cette guerre, l'État est financeur pour certains travailleurs coloniaux (il prend notamment à ses frais le recrutement et le transport des ouvriers coloniaux et chinois), organisateur et gestionnaire (il va jusqu'à placer la main-d'œuvre, il inaugure des formes des collaborations nouvelles avec les entreprises privées, impose un contrat type, organise de très nombreuses missions de contrôle…). Il développe également sa nature d'État prévoyant. Ainsi, en octobre 1917, le chef du service central d'exploitation des ports maritimes s'inquiète déjà de l'après-guerre lorsqu'il évoque « la crise que ne manquera pas de produire dans la main-d'œuvre à la fin des hostilités (due au départ des prisonniers en particulier) puisque, suivant les probabilités, la main-d'œuvre chinoise ». Pourtant, ce n'est qu'un an après leur arrivée vers avril/mai 1917

---

[49] C'est le cas des usines de guerre d'Angoulême, Bergerac et Saint- Médard en juin 1917. On estime qu'une vingtaine de personnes ont péri dans les actes de violence durant l'année 1917.

[50] « En cas d'accident du travail, les ouvriers sont soumis au régime des pensions indigènes, et non à celui de la loi 1899 ». SHD, Vincennes, GR 16N 2450, dossier relatif aux travailleurs coloniaux 6498/9.

qu'apparaissent les premières rixes ou émeutes raciales dirigées contre eux. Elles se sont poursuivies durant tout l'été et ont réapparu sporadiquement en 1918. C'est donc vers le mois de mars 1917 qu'apparaît et évolue l'hostilité à leur égard. À cette époque, certains articles de presse ou certains rapports émanant des fonctionnaires laissent entendre que le travail fourni par les travailleurs coloniaux laisse à désirer, qu'ils sont inefficaces, peu qualifiés, paresseux et qu'ils ont une tendance forte pour l'alcool et les jeux.

Dans un premier temps et jusqu'en 1916, certains travailleurs coloniaux sont arrivés en France par leurs propres moyens (c'est le cas de nombre d'Algériens), soit ils sont recrutés par les industriels, soit, selon des modalités différentes, par les ministères de Tutelle respectifs des diverses colonies.

En Algérie, l'État français a eu recours au décret du 14 septembre 1916 instaurant un recrutement non seulement par voie d'embauchage volontaire mais aussi au moyen de réquisitions. Ce mode de recrutement porte sur les hommes de 20 à 50 ans. Le décret du 7 septembre 1916 autorise également l'incorporation des appelés des contingents algériens. Ils sont affectés dans les compagnies d'ouvriers auxiliaires d'artillerie, utilisés comme main-d'œuvre dans les usines de munitions ou dans des compagnies d'ouvriers du génie employés par le service militaire de chemin de fer ou de génie. Les auxiliaires sont soumis aux mêmes obligations que leurs homologues du service armé.

Cependant, au nom de la rationalisation du recrutement et de la réparation de la main-d'œuvre que dicte l'effort économique de guerre, au nom aussi de la lutte contre l'« *indésirabilité* » politique et la « concurrence au travail national », le gouvernement se dote d'une organisation nouvelle.

La Commission interministérielle de la main-d'œuvre (CIMO), présidée par le sénateur de la Guadeloupe Henry Béranger – autour d'un rapport sur le recrutement et l'emploi de la main-d'œuvre indigène, coloniale et étrangère, adopté par le sénat le 20 avril 1916 – définit peu à peu les conditions d'embauche et la forme de contrat de travail. Le Service de la main-d'œuvre coloniale et chinoise (SOTC), « comprenant plusieurs sections correspondant chacune à une race de travailleurs », dépend du ministère de l'Armement jusqu'au 1er janvier 1946, et ensuite le ministère de la Guerre, et est dirigé par Lucien Weil.

Bien qu'ayant travaillé en contact direct avec d'autres ouvriers français ou d'origine européenne, les autorités françaises, au nom d'un souci de rationalisation des ressources en main-d'œuvre, se sont efforcées de les isoler en leur interdisant le droit de se syndiquer. Ces deux services ont en charge le recrutement, la gestion et la répartition de la main-d'œuvre. Les usines de guerre, auxquelles la main-d'œuvre est à l'origine destinée, sont servies en priorité ; les industriels ou particuliers qui désirent des ouvriers en font la demande auprès des différents ministères : les conditions requises sont d'employer au minimum 25 coloniaux et de posséder les installations nécessaires pour le recevoir.

Le SOTC les a regroupés par nationalité et les a placés directement sous son emprise, en les affectant auprès d'employeurs choisis par lui, prenant en charge à la fois leur transport, leur logement et leur nourriture. Les travailleurs coloniaux et contrairement aux travailleurs étrangers ont été contraints de subir un statut qui les faisait appartenir plus à la catégorie des prisonniers de guerre qu'à celle d'ouvriers indépendants. Il y a eu donc à leur égard une véritable ségrégation qui reproduit en métropole le modèle colonial[51]. Les autorités françaises ont tenté de justifier ce mode ségrégatif en arguant du fait qu'il simplifierait le retour de ces travailleurs dans leur pays d'origine, qu'il permettait de pallier le manque d'interprètes et qu'il était aussi un moyen efficace pour éviter les conflits interraciaux.

Avec cette guerre, l'État est devenu capable d'importer la main-d'œuvre collectivement, mais aussi de la gérer spatialement de manière assez fine. Une fois recrutés, ces hommes sont acheminés en France par l'autorité militaire vers les dépôts (dépôts de Marseille ou « dépôts frontières »), d'où ils sont prélevés pour être redistribués sur l'ensemble de territoire. À leur arrivée, en effet, les travailleurs doivent

---

[51] Hedi Saidi, *La Tunisie oubliée. Une immigration face au colonialisme*, p. 102.

séjourner au moins 24 heures dans un dépôt : Marseille pour les Chinois et les Grecs, Perpignan pour les Espagnols, Bayonne pour les Portugais. Ils y subissent une visite médicale ainsi que la désinfection des habits. Dans ces dépôts, dans les usines mais aussi dans les cantonnements où coloniaux et Chinois sont astreints à résider, interviennent des « contrôleurs-interprètes » aux attributions étendues (contrôle du travail, des conditions de vie, surveillance, propagande). Les agents du SOTC sont souvent des sous-officiers de l'armée d'Afrique ou de la Coloniale, pour des raisons pratiques : connaissance des langues, us et coutumes des travailleurs coloniaux, manque d'hommes sur le territoire français.

La militarisation de la main-d'œuvre est un signe majeur de l'emprise étatique sur l'immigration, point qu'il nous semble intéressant d'analyser de manière à lui consacrer ultérieurement une étude plus approfondie.

Après la guerre, le gouvernement français a renvoyé chez eux, aussi rapidement que possible, ces travailleurs coloniaux jugeant que la France n'était pas encore prête à une société multiraciale. Ils seront remplacés par des immigrés européens voisins.

III – Les mobilités humaines à l'échelle mondiale au XXe siècle. Des flux inégaux

En 2009, 200 millions de personnes résident dans un autre pays que le leur, et les raisons en sont multiples. Les mobilités humaines sont de natures différentes. Il existe différents types de migrations à l'échelle planétaire. Certains sont d'origine historique et politique, résultant à la fois de guerre. D'après le Haut-commissariat aux réfugiés – HCR, les nombres de réfugiés sont en forte augmentation, on dénombrait en 2007, environ 67 millions de personnes en exil (réfugiés internationaux ou déplacés à l'intérieur de leur pays) chassés par la violence ou victimes de catastrophes naturelles. Le droit d'asile dans le Sud donne le plus souvent accès à un abri dans un camp, une ration de nourriture quotidienne et parfois à une formation pour les adultes ou à la scolarisation des enfants. Les camps sont censés être des dispositifs transitoires mais le provisoire dure autant que les guerres et les crises, voire au-delà. Seules quelques démocraties occidentales accordent aux demandeurs d'asile des allocations et une protection sociale provisoire. Parmi les pays d'accueil, les USA enregistrent le plus grand nombre de demandes d'asile : 9,3 % des demandes mondiales, devant l'Afrique du Sud (8 %) et la Suède (6,6 %). Mais ils accordent de moins en moins facilement le statut de réfugié.

Mais aussi des motifs de persécutions, des modifications territoriales. D'autres sont économiques, les migrants partant pour fuir la misère. Le tourisme représente une autre forme de migration. Il concerne surtout les pays développés, où le niveau de vie est élevé. Aujourd'hui, de nouvelles mobilités humaines apparaissent ; des réfugiés fuient leur pays ou leur région à cause des modifications climatiques (pluies ou sécheresse). C'est le cas de l'archipel de Tuvalu (État du Pacifique) à cause du réchauffement climatique, l'exode a commencé. Menacé par la montée des eaux, près d'un habitant sur cinq a déjà fui cet État pour partir à la Nouvelle-Zélande. En vertu d'un accord d'immigration climatique, 75 Tuvaluans sont autorisés à entrer dans ce pays. D'après un rapport de 2008 du Programme des Nations unies pour le développement – PNUD, ce rapport souligne le risque d'une augmentation radicale du nombre des victimes d'inondations côtières dans les années à venir. Dans le Delta du Mékong, véritable grenier du riz du Vietnam, les inondations contraindraient aussi les populations à migrer, tout comme au Bangladesh, où la montée des eaux menacerait un cinquième des terres et 70 millions d'habitants.

Les pays du Nord, qui ont une population vieillissante, sont à la recherche d'une main-d'œuvre peu qualifiée (restauration, bâtiment, etc.) et de bon marché, mais aussi de personnes très qualifiées. Certains conflits politiques provoquent la demande de droit d'asile de la part des réfugiés. Aux migrations légales s'ajoutent les migrations clandestines qui se chiffrent entre 30 et 50 millions. C'est le cas du Mexique qui a pris l'initiative de publier et de distribuer gratuitement un petit guide. L'objectif recherché est d'essayer de limiter les risques que prennent nombreux candidats à l'exil vers les USA en tentant de franchir le fleuve Rio Grande.

Les flux migratoires internationaux concernent des millions de personnes chaque année. Une grande part de ces flux a un caractère durable notamment ceux qui sont liés à la recherche d'un travail. Jusqu'en 1973, de nombreux travailleurs maghrébins ont été encouragés à cette migration par des États européens qui avaient besoin de main-d'œuvre industrielle pendant la période de prospérité. Depuis la crise économique des années 1970, les pays du Nord tentent de freiner et de contrôler l'immigration face à l'augmentation du chômage.

Il n'est plus à démontrer que l'attrait d'une vie meilleure pousse ces habitants des pays en développement à quitter leur pays, parfois au péril de leur vie. Ces migrants cherchent à joindre souvent l'Europe, l'Amérique du Nord et les pays pétroliers du golfe Persique[52]. Les flux migratoires internationaux concernent des millions de personnes chaque année[53]. Une grande part de ces flux a un caractère durable notamment ceux qui sont liés à la recherche d'un travail. Mais depuis 1973, face à la crise et à la montée du chômage, les pays du Nord ont décidé de stopper l'immigration. Mais depuis l'accord Schengen (14 juin 1985) et l'obligation d'avoir un visa pour les extra-Européens pour entrer en Europe, une nouvelle forme d'immigration a vu progressivement le jour. Déterminés et souvent diplômés, les jeunes de cette nouvelle vague d'immigration n'hésitent pas à mettre leur vie en péril pour

---

[52] Selon le rapport annuel de l'Organisation mondiale du tourisme paru en 2009, 922 millions de touristes internationaux dans le monde dont plus de la moitié en Europe. Les pays les plus touristiques en nombre de touristes internationaux sont la France avec 79 millions de touristes, les États-Unis d'Amérique avec 58 millions de touristes et enfin l'Espagne avec 57 millions de touristes. Le tourisme international rapporte 944 milliards de dollars : 110 pour les USA, 62 milliards de dollars pour l'Espagne et 57 milliards de dollars pour la France.

[53] D'après un rapport du PNUD : 740 millions de migrants internes (qui se déplacent à l'intérieur de leur pays), 200 millions de migrants internationaux dont : 70 millions d'un pays du Sud vers un pays du Nord et 130 millions d'un pays en développement vers un autre pays en développement. Le pourcentage d'immigrés en France est de l'ordre de 8 % et celui des immigrés aux Émirats arabes unis est de 84 % de la population. Rapport sur les mobilités humaines du PNUD, 2009.

atteindre le sol européen. C'est la *harga*[54] pratiquée par les *harraga*.

Nombre d'émigrants	
Algérie	1 783 476
Maroc	2 718 665
Tunisie	623 221
Part des émigrants (en % de la population totale)	
Algérie	5,4 %
Maroc	8,6 %
Tunisie	6,2 %

Rang parmi les 10 principaux pays d'émigration

Algérie	3e rang
Maroc	1er rang
Tunisie	8e rang

Les flux migratoires légaux du Maghreb vers l'Europe
Source : Banque mondiale, 2006.

L'immigration tunisienne : d'une frontière à l'autre

Confrontée à l'histoire de l'immigration algérienne et marocaine, celle de la Tunisie ne représente aux yeux du profane ni la flamboyance de celle de l'Algérie ni même l'attractivité de celle du Maroc[55]. Cette différence d'intérêt peut être expliquée par la nature et les formes juridiques de la colonisation. Une autre raison à ce manque d'intérêt pour l'histoire contemporaine de la Tunisie peut résider dans le fait

[54] Littéralement le mot *harga* désigne « brûler », en langue arabe. Dans le sens figuré, cette expression est utilisée pour désigner la traversée irrégulière de la Méditerranée dans le sens Nord/Sud. Le terme de *harraga* signifie « brûlot », celui qui brûle, qui fait flamber et vient de *haraqa* : brûler, flamber, calciner (les frontières), sans identité, sans passeport. Les *harraga* sont en général des jeunes, de 16 à 35 ans, des hommes.

[55] Jean-René Genty, préface du livre, *La Tunisie oubliée... une immigration face au colonialisme*, p. 6.

que l'immigration originaire de ce pays vers la métropole fut relativement faible et tardive par rapport aux flux migratoires originaires d'Algérie et du Maroc. Si l'immigration maghrébine, notamment algérienne, vers la France est un phénomène relativement ancien, celle de la main-d'œuvre tunisienne est, quant à elle, plus récente. Dans le recensement organisé en 1923 par le ministère de l'Intérieur pour recenser les Nord-africains présents dans les départements du Nord-Pas-de-Calais, les Tunisiens enregistrés étaient seulement quelques individus[56]. Cette immigration légale va être remplacée par une clandestine, appelée *harga* et faite par des *harraga.*

Les harraga

À partir des années 1990, l'immigration tunisienne en France change de visage avec le développement du phénomène *Harraga* et les blocages européens. À partir de 2000, apparaît une nouvelle forme de départs, des départs clandestins : ceux des *harraga.* Depuis 2008-2009, on a répertorié un certain nombre de femmes et même des femmes avec enfants qui organisent des départs clandestins par mer en direction de Lampedusa ou de la Sardaigne. Ils se munissent d'un petit bateau à moteur, d'une boussole ou d'un GPS, d'un gilet de sauvetage, de vêtements chauds, de couvertures, d'une réserve d'eau potable, de nourriture, et d'autant d'euros que possible. Ils embarquent au début de la nuit dans l'espoir d'arriver au matin à destination, après au minimum six heures de navigation à partir des régions côtières et vers la côte italienne. Peu nombreux en 2002, leur nombre ne cesse d'augmenter, bien qu'il soit, bien sûr, impossible d'avoir des chiffres précis sur le nombre des départs. Et le processus, en quelque sorte, s'industrialise. Si, au début on achetait les services d'un pêcheur, actuellement, il y a des passeurs qui proposent leur service moyennant finance : 1 500 ou 2 000 euros par départ.

En 2008, les Forces navales tunisiennes ont appréhendé plus de 3 000 candidats à l'émigration clandestine. En 2007, ils étaient 2 500. Dans le premier semestre de 2008, 2 718

---

[56] Archives départementales du Pas-de-Calais, série M, dossier 4506.

Tunisiens et autres étrangers (Algériens, Soudanais, Sénégalais…) tentant de partir ont été arrêtés. Dans les huit premiers mois de 2007, on estime que plus de 1 500 Tunisiens auraient rejoint les côtes italiennes ; en janvier 2009, on apprend que plusieurs dizaines de corps sont entassés dans une morgue en Italie. Les associations tunisiennes issues de l'immigration en France et la Ligue tunisienne de Défense des Droits de l'Homme, indiquent que plusieurs Tunisiens croupissent dans des prisons italiennes sans que cela n'émeuve personne.

Cependant, il faut relativiser le phénomène dans le sens où les *harraga* ne représentent qu'une très faible partie des Tunisiens illégaux en France et en Italie : plus de 90 % d'entre eux sont entrés en France de façon légale, munis d'un visa. Mais le phénomène *Harraga* est évidemment traumatisant, aussi bien pour les Français – et autres Européens – que pour les Tunisiens. Il n'existe pas qu'en Tunisie et il est même particulièrement important en Algérie. En France, et plus largement en Europe, le spectacle bien orchestré de quelques barques surchargées de jeunes hommes venant d'Afrique pour prendre le travail et manger le pain des Français/Européens, glisse aisément vers celui d'une « invasion barbare » ; et ce phénomène alimente une mauvaise conscience européenne : il est difficile à l'Europe de ne pas se sentir une part de responsabilité dans l'augmentation du nombre de morts en Méditerranée. Du côté tunisien, ce phénomène représente une véritable remise en cause de la Tunisie, à commencer par ses dirigeants.

Et c'est là qu'il convient de poser la question : « Qui sont ces *harraga* ? »

La grande désillusion de ces réfugiés tunisiens en France est souvent évoquée par ces jeunes rencontrés à Paris dans le cadre de la solidarité associative. Arrivés au terme d'un long et difficile voyage, ils nous ont parlé de leur désillusion dans un pays qui ne ressemble en rien, selon eux, à la patrie des droits de l'homme.

Après avoir été traités comme des héros de la révolution du jasmin, ces jeunes ne sont plus les bienvenus. Ils sont chaque soir plus nombreux à attendre l'heure de distribution de la soupe populaire en se mêlant aux habituels SDF et aux réfugiés afghans. Chez eux, ils ont un toit et une famille ; dans ce pays ami, ils pensaient trouver du travail. Beaucoup envisagent un retour en Tunisie.

En général, ils sont jeunes – de 16 à 36/40 ans –, mais pas tous. Un « *harg* » m'a confirmé l'existence de plusieurs personnes âgées de 50 ans, voire un peu plus. Un autre m'a raconté que, dans son convoi, il y avait des pères de familles et des femmes. Ils ajoutent qu'ils ont bien souvent des diplômes, parfois un travail qu'ils n'hésitent pas à abandonner : on cite l'exemple d'un policier, d'un gardien, d'un père retraité ou d'une personne qui travaillait dans une grande société, et qui n'ont pas hésité à tout abandonner pour partir. Il y a également l'histoire de ce salarié qui a obtenu un congé pour formation professionnelle en hôtellerie, ce qui lui a permis de partir pour l'Italie ; il n'est jamais revenu. Ils appartiennent souvent à la classe populaire : il faut avoir de l'argent pour partir, et les familles acceptent de s'endetter, de vendre leurs meubles pour financer ces voyages. On constate que les parents étaient au début des années 2000 favorables à ces départs – actuellement il en va différemment.

Mais pourquoi veulent-ils partir ?

Une des raisons réside d'une part dans l'absence de perspectives à cause du chômage qui touche beaucoup de ces jeunes sans diplômes et sans qualification. Ce chômage atteint aussi les diplômés. La crise politique et l'absence de liberté en Tunisie encouragent également ces départs. D'autre part, la politique de libéralisme économique, intriquée avec une corruption grandissante du pouvoir, a marqué les années Ben Ali.

L'accélération du phénomène après la « révolution du jasmin »

Depuis le 14 janvier 2011, de nombreux jeunes empruntent clandestinement la destination de l'île italienne Lampedusa pour gagner l'Europe, fuyant la misère et le chômage. Lampedusa représente pour eux la porte pour l'Europe, terre de leurs rêves même si ce voyage se fait au péril de leur vie.

Dans un contexte marqué par la crise économique, 700 000 demandeurs d'emploi[57] plus 40 000 Tunisiens de retour de la Libye voisine et un taux de chômage avoisinant les 18 %[58], l'émigration clandestine « *harga* » devient alors la solution.

Selon le Forum des Tunisiens des droits économiques et sociaux – FTDES –, le nombre des Tunisiens ayant immigré vers l'Italie après le 14 janvier 2011 approche les 40 000 individus[59]. D'après le président du FTDES : « 25 % des *harraga* sont des élèves, voire des mineurs, ce qui représente un nouveau phénomène. Cette réalité est confirmée par le ministère de l'Éducation qui déclare que le nombre des élèves ayant quitté volontairement les institutions scolaires est de l'ordre de 108 000 ». Elle concerne en majorité des jeunes et même des enfants. Elle n'est plus uniquement masculine, la part des femmes dans cette migration est en nette progression. La désorganisation complète des services de sécurité et un certain relâchement, voire abandon général dans le contrôle des ports et la sécurité maritime, ont facilité des embarcations vers l'Italie. Les réseaux des passeurs ont mis à profit cette situation et embarqué en trois mois (janvier à avril) des dizaines de candidats à l'immigration vers l'Italie. Les villes comme Sfax (270 km au sud de Tunis), Zarzis (549 km au sud de Tunis) et des régions comme le Cap Bon se sont transformés en plate-forme de départ pour les *harraga*[60]. L'ampleur du phénomène et la gravité des accidents en mer ont attiré l'attention des partis politiques, des associations, et de l'opinion publique.

Deux rapports ont été publiés par le FTDES, le premier en 2012 et le second en 2013 relatifs à la question des *harraga* disparus en mer depuis 2011, montrent que 64 261 personnes

---

57 Institut national de la statistique (INS). Enquête nationale sur l'emploi, année 2011.

58 Institut national de la statistique. Enquête nationale sur l'emploi, année 2009.

59 « Migration des Tunisiens en Libye : dynamique, défis et perspectives », publication conjointe de l'Organisation internationale pour les migrations (OIM), Tunisie, et la Banque africaine de développement (BAD), octobre 2012, p. 7.

60 Réseau méditerranéen des droits de l'homme, asile et migrations dans le Maghreb, fiche de renseignement, Tunisie, Copenhague, décembre 2012, p. 7.

avaient embarqué pour l'Europe au départ des côtes tunisiennes et libyennes. Environ 2 000 Tunisiens d'entre elles sont morts ou disparus au cours de ces « voyages vers la mort » dont 1 000 Tunisiennes et Tunisiens.

Cette situation de plus en plus dramatique a entraîné une conscientisation auprès des familles de morts et disparus de la gravité du phénomène et a engendré leur forte mobilisation. Sensibilisés par des témoignages à la télévision et par la presse, des associations, mouvements et personnalités civiles s'organisent pour défendre les droits des migrants.

Le Secrétaire d'État à l'immigration a déclaré le 28 novembre 2013, que 3 700 Tunisiens *haraggas* croupissent dans les geôles italiennes[61]. **Les *harraga* à Paris. Entre luttes et désespoir (mai-juin 2011)**.

Arrivés en France par train d'Italie, des *harraga* tunisiens se sont dirigés en grande partie vers Paris pour voir un ami, un cousin, un copain de la ville natale. Vivant dans des conditions déplorables, ils se sont organisés grâce à l'appui d'associations et des personnes solidaires afin de mener à bien leur combat pour la régularisation de leur situation. À travers des tracts et témoignages, nous avons tenté de resituer leurs luttes « pour la liberté et la dignité » comme ils le répètent souvent. Considérés comme des héros de la révolution du jasmin en Tunisie, ces immigrés vont se heurter à la dure réalité de la clandestinité. Ils finissent par comprendre qu'ils sont indésirables et qu'il faut les refouler de la France. Ces jeunes ont cru au départ que le pays des droits de l'homme va leur accorder des papiers pour vivre dignement dans ce pays « mythique ». Déçus et amers, mais combatifs, ils vont se lancer dans une lutte contre les autorités françaises pour obtenir des papiers.

1er mai, lors de la manifestation de la fête du Travail, des *harraga* forment un cortège et prennent la tête de la manifestation. Le soir même, ils décident avec des personnes solidaires avec eux d'occuper un bâtiment de la mairie de Paris, 51 rue Simon-Bolivar (19e). Des rassemblements de soutien ont lieu devant le bâtiment pendant plusieurs jours.

---

[61] Radio Shems Fm, 28 novembre 2013.

Parallèlement, des négociations ont lieu avec la mairie de Paris, celle-ci a proposé 120 places dans un foyer d'hébergement d'urgence. Beaucoup refusent la proposition de la mairie car le nombre de places proposées est inférieur au nombre d'occupants et les conditions de vie sont jugées inacceptables par les *harraga* : (horaires stricts, surveillance, promiscuité).

Vingt *harraga* rejoignent le foyer d'hébergement, le lendemain ils compareront le foyer à une prison.

Le 4 mai, la mairie de Paris demande l'expulsion du bâtiment, à renfort de centaines de policiers et d'un hélicoptère, ce qui entraîne 120 gardes à vue et une dizaine d'expulsions vers l'Italie. Les autres *harraga* ressortent avec un APRF (Arrêté préfectoral de reconduite à la frontière). Parmi les personnes arrêtées ce jour, un Français qui déclare s'appeler M. Lampedusa passera en procès le 17 juin pour refus de signalétique (empreintes et photos).

6 mai, plus d'une centaine de personnes se rassemblent au métro Couronnes aux cris de Liberté ! Papiers !

Communiqué du Collectif des Tunisiens de Lampedusa à Paris et des occupants du 51 avenue Simon-Bolivar (lundi 2 mai)

Le Collectif des Tunisiens de Lampedusa à Paris occupe depuis ce 1er mai à minuit l'immeuble appartenant à la mairie de Paris se situant au 51 avenue Simon-Bolivar à Paris 19e. La mairie de Paris a plusieurs fois exprimé son soutien aux Tunisiens récemment arrivés à Paris. Nous vivons dehors, passons de 24 à 36 heures sans fermer l'œil, nous avons peur, nous avons froid, nous avons faim et manquons de tous les besoins fondamentaux de la vie quotidienne. Malgré ces conditions difficiles, nous restons dignes. Le Collectif des Tunisiens de Lampedusa à Paris demande pour nous tous au maire de Paris un lieu pour vivre ensemble et nous organiser. Nous resterons ici même tant qu'une solution satisfaisante ne nous sera pas proposée. Des papiers pour circuler et vivre librement !

Nous appelons tous ceux qui veulent nous soutenir à se rassembler devant le 51 avenue Simon-Bolivar toute la journée et appelons à un rassemblement à 18 h (métro Belleville ou Buttes Chaumont).

Nos revendications :

– que chacun puisse entrer et sortir librement de l'immeuble et laisser entrer le ravitaillement ;

– que la police ne procède à aucune arrestation, ni ici ni sur Paris ;

– un engagement de la mairie à faire pression auprès de la préfecture et du gouvernement pour les papiers et contre les arrestations.

Le 7 mai, des *harraga* et des militants d'extrême gauche décident d'occuper un gymnase de la mairie de Paris, rue de la Fontaine-au-Roi (11e). Les jours suivants, plusieurs manifestations et rassemblements y ont eu lieu. Elle est marquée par une brève émeute avec la police à cause de l'arrestation d'un militant communiste solidaire de ces *harraga*.

Le 11 mai, le squat de la rue Bourdon, où dormaient plusieurs *harraga* depuis l'expulsion de Bolivar, est évacué.

Le 13 mai, une manifestation partant du gymnase occupé par les *harraga* parcourt le quartier de Belleville avant de se rendre sur le parvis de l'Hôtel de Ville. Alors que le rassemblement est encerclé par la police, une délégation part négocier avec la mairie de Paris, aucune proposition concrète n'en sortira et le rassemblement repartira en cortège vers le gymnase.

Le 16 mai, en parallèle à l'occupation du gymnase, plusieurs dizaines de *harraga* décident avec des personnes solidaires de leur mouvement d'occuper un foyer appartenant à l'AFTAM.

Le 21 mai,

Le matin : une distribution de tracts y avait déjà été organisée et Delanoë y avait été apostrophé.

L'après-midi : une manifestation est organisée à Porte de la Villette. Le cortège est arrêté par un important dispositif policier à 100 mètres du départ. Soixante-dix personnes sont arrêtées puis contrôlées au commissariat, d'où elles sortiront en fin d'après-midi. Plusieurs personnes seront blessées.

En même temps, une vingtaine de *harraga* s'invite à la fête de la Rose, organisée par la mairie socialiste du 11e arrondissement. L'expulsion du 51 rue Bolivar, ordonnée par la mairie de Paris, est de nouveau évoquée.

Le 22 mai, une trentaine de personnes perturbe le *Village du Jasmin*, un événement organisé devant l'Hôtel de Ville en partenariat avec la mairie de Paris en faveur du tourisme tunisien. Ce jour-là se tenait sur le parvis de l'Hôtel de Ville de Paris le village du Jasmin. En fait une opération publicitaire organisée par la mairie et l'office du tourisme tunisien pour vendre la Tunisie aux promoteurs et aux touristes. Peu avant 16 h, une quarantaine de *harraga* et de personnes solidaires se sont invités pour perturber cette opération de communication. « Papiers, Liberté, solidarité avec les sans-papiers, Delanoë, premier des benalistes » ont été scandés par les *harraga.*

Le 26 mai, des policiers assiègent le foyer de la rue Bichat suite à une plainte de l'AFTAM. En quelques heures, une centaine de personnes se rassemblent devant le foyer. Repoussées par la police, elles improvisent une manifestation dans le quartier.

Le 27 mai au matin, le foyer est évacué par les forces de l'ordre. Huit *harraga* sont enfermés au centre de rétention de Vincennes. Dix-sept personnes sont placées en garde à vue. D'autres sont convoquées pour un procès les 1er et 8 juillet pour leur refus de signalétique et pour l'une d'entre elles, dégradations.

Le même jour, le siège de l'AFTAM est occupé par une trentaine de personnes exigeant le retrait de la plainte pour occupation illégale et dégradations. La plainte est finalement retirée.

Vendredi 27 mai vers midi, une trentaine de *harraga* et solidaires ont occupé le siège de l'AFTAM, jusque vers 14 h, exigeant le retrait de la plainte déposée par l'AFTAM contre les occupants du foyer 20 rue Bichat expulsés quelques heures plus tôt. L'association a donc dû promettre de retirer sa plainte.

Le 28 mai, des *harraga* tunisiens ainsi que des personnes solidaires forment un cortège dans la manifestation contre le racisme. Une banderole « Ni police, ni charité, un lieu pour s'organiser ». Le cortège rassemble environ quatre-vingts personnes.

Le soir, une trentaine de personnes manifestent devant le centre de rétention de Vincennes, où sont enfermés, notamment, les *harraga* de la rue Bichat. À l'extérieur et à l'intérieur du centre, on entend des cris : « Vive la liberté ! »

Le 29 mai, des feux d'artifice de solidarité ont lieu devant le centre de rétention de Vincennes. Tous les *harraga* de la rue Bichat seront finalement libérés.

Le 31 mai, une trentaine de personnes du gymnase de la Fontaine-au-Roi commence l'occupation d'un bâtiment rue Botzaris appartenant à l'État tunisien et où, pendant la dictature, siégeait la police de Ben Ali à Paris. Parallèlement, la mairie met en place un système de liste pour l'entrée des *harraga* dans le gymnase, des cartes nominatives sont distribuées à une centaine d'entre eux, et plusieurs dizaines de vigiles en contrôlent l'accès, qui devient interdit à tous ceux ne disposant pas de cette carte. Le gymnase est désormais fermé de 10 h à 18 h, ses occupants doivent également rentrer avant 22 h.

Le 6 juin au matin, en signe de solidarité avec les expulsés de Bolivar, trois voitures de la Sécurité de la ville de Paris sont entièrement incendiées rue Roty (15e).

Le 7 juin, alors qu'environ une cinquantaine de personnes occupent le bâtiment de Botzaris, la Préfecture, appuyée par les autorités tunisiennes, expulse ses habitants du lieu. Après un contrôle d'identité, les *harraga*, sortis du commissariat, réinvestissent de suite le bâtiment.

Le 11 juin, une trentaine de *harraga* et de solidaires perturbent le salon de l'immobilier tunisien à Paris en criant : « Ni Business ni Frontières ».

Le 16 juin, les occupants de Botzaris sont de nouveau expulsés. Beaucoup finiront au centre de rétention de Vincennes. Les *harraga* sont fatigués et le mouvement s'essouffle peu à peu pour s'éteindre complètement vers la fin du mois de juin.

Lampedusa 2012 : le naufrage poignant

Le drame est survenu le 6/7 septembre 2012, il est considéré comme le plus tragique et le plus dramatique de l'histoire de l'immigration clandestine en Tunisie. Dans une embarcation de fortune partie de Sfax et transportant 136 *harraga* parmi eux des femmes et des enfants, celle-ci fait naufrage près de l'îlot de Lampione. Bilan : 76 personnes portées disparues et 56 sauvées.

Cette tragédie humaine a bouleversé toute la Tunisie et a ravivé un débat public sur le phénomène des *harraga*. Les médias tunisiens[62] se saisissent du sujet organisant ainsi des reportages, des témoignages et des débats en direct. Une importante délégation s'est rendue à Lampedusa, lieu du drame. Tous les membres de cette délégation[63] ont exprimé leur solidarité avec les *harraga* et ont demandé la régularisation administrative de ces jeunes *harraga*. Suivent encore les associations tunisiennes domiciliées en France[64]. Ces représentants associatifs ont insisté sur les facteurs qui poussent ces jeunes à quitter leur pays et à risquer leur vie. Il n'y a plus d'espoir pour eux dans leur pays natal, ils croyaient que dans une Tunisie post-révolutionnaire, les choses vont changer, mais leur espoir n'a pas duré longtemps. Ils étaient obligés de prendre la mer en mettant en péril leur vie. Pour ces fins connaisseurs de l'immigration, la perpétuation de la *harga* se voit renforcer non seulement par des conditions économiques et sociales insurmontables mais aussi par des procédures migratoires très dures vis-à-vis de ces jeunes. La politique de contrôle des frontières de l'Europe (patrouilles, Frontex, radars maritimes, caméras thermiques) a participé à ce drame.

Pour les familles des disparus, organisées en association, leur colère est manifeste contre les autorités tunisiennes. Le

---

[62] Nessma Tv, Hannabal Tv, Attounissia…

[63] Rafik Abdessalem, ministre de l'Extérieur, Ahmed Chebbi, président du parti républicain, Samir Ben Amor, président du CPR, Mohamed May, membre de l'Assemblée nationale constituante et Khaled Ben Mbarek, premier conseiller du président de la République.

[64] C'est le cas de l'Association des Tunisiens en France (ATF), la Fédération des Tunisiens pour une citoyenneté des deux rives (FTCR), Mouvement citoyen des Tunisiens en France (MCTF), Réseau euro maghrébin citoyenneté et culture (REMCC).

naufrage dont leurs enfants en étaient les victimes, est entouré de mystères, on n'a trouvé ni l'épave du bateau ni les cadavres des disparus. Elles culpabilisent les autorités tunisiennes d'être indifférentes à leurs souffrances et les accusent ouvertement d'inconsciences à l'égard de cette tragédie. Leurs questions restent sans réponses : « pourquoi ce drame ? », disent-elles. Est-il vrai que la garde côtière tunisienne a vu l'embarcation ? Pourquoi l'embarcation n'a pas été secourue par les forces italiennes ? Pourquoi on a laissé mourir nos enfants ? Elles demandent que les 56 rescapés soient entendus par les autorités tunisiennes pour fixer les responsabilités et entendre une version définitive sur cette tragédie quels que soient la nature et les mots de celle-ci.

D'après des informations recueillies dernièrement auprès de certains responsables associatifs tunisiens, et bien que le dialogue n'est pas rompu, aucune avancée n'a été enregistrée et la situation demeure au point mort, ce qui enrage davantage les familles des disparus.

Nous avons besoin de frontières non pas pour nous arrêter mais pour exercer ce libre passage du même à l'autre, pour parler et évoquer les merveilles de la planète Terre, admirer des lieux d'autres humanités et partager plein de différences.

À défaut de montagnes ou de mers, l'homme a inventé toutes formes de frontières pour se protéger de l'autre, pour ne pas voir l'autre et communiquer avec lui. Aucune frontière pourtant, comme nous avons essayé de le montrer, n'a résisté à l'irrépressible volonté et/ou nécessité de passer outre. Ici les frontières ne sont plus comme facteurs de l'impossible, mais comme lieux de passage, d'échanges, de mobilités et d'influence mutuelle des identités individuelles et collectives. Les relations ne sont ni confusion ni dilution, on échange avec l'autre sans se perdre ni se dénaturer (comme les soldats et les travailleurs coloniaux). L'Europe, l'un des quelques territoires « sanctuarisés » de la planète, n'en finit pas de rehausser ses murs réels et virtuels. Ses frontières extérieures de plus en plus étanches et les politiques d'immigration toujours plus strictes n'empêchent en rien les flux des migrants, qui dans un contexte, prennent infiniment plus de risques. Souvent au péril de leur vie.

Franchir les frontières est un privilège dont rêvent les damnés du Sud, dont nul ne devrait être privé, sous quelque raison que ce soit. L'obligation d'avoir à forcer des frontières sous la poussée de la misère est, pour les *harraga*, beaucoup moins déshonorante que les fondements de cette misère.

Sources

Service historique de la Défense, Château de Vincennes
GR 7 N 446-447
GR 7 N 2107
GR 16 N 2450-2451
Archives départementales du Pas-de-Calais, série M, dossier 4506

Bibliographie

ARNOULET (François), *Les Tunisiens et la Première Guerre mondiale*, ROMM 38, 1984, p. 48-60.

BANQUE (mondiale), Rapport de l'année 2006.

MARC (Michel), *Les Africains et la Grande Guerre. L'appel de l'Afrique*, Paris Karthala, Paris, 2003.

MINNERAT (Maruis), *Tunisiens héroïques au service de la France*, Paris, éditions Berger-Levrault, 1939.

NABA (René), *Du bougnoule au sauvageon. Voyage dans l'imaginaire français*, Paris, L'Harmattan, 2002.

ORGANISATION (mondiale du tourisme), Rapport de l'année 2009.

PNUD, Rapport de 2009.

SAIDI (Hedi), *La Tunisie oubliée... une immigration face au colonialisme*, Geai Bleu éditions, Lille 2008.

Chapitre 2)

Les pratiques des frontières

Penser la frontière franco-espagnole (fin XIXe s.-début XXe siècle)

Nathalie CABANAS

Le rapport à la frontière présenté dans ces quelques pages est celui d'un certain Joseph Sans (1856-193), industriel du textile et également élu de la République. Il s'agit de voir s'il est possible de définir certains contours du cadre mental de cet homme d'affaires. Notre travail n'est qu'une première étape d'un itinéraire de recherches. Une autre confrontera la façon de « penser » la frontière de cet entrepreneur à celle d'autres situés comme lui au nord des Pyrénées. Une ultime phase prendra en compte des entrepreneurs espagnols également frontaliers afin d'évaluer si la façon de « penser » la frontière était comparable au nord et au sud des Pyrénées.

Un fait majeur est que la frontière avec l'Espagne joua un rôle déterminant dans l'essor de l'entreprise textile « Sans et Garcerie », l'une des grandes maisons spécialisées dans la confection de toile pour espadrilles. À la fin du XIXe siècle, la fabrication de ces chaussures populaires était loin d'être anecdotique au regard des débouchés (les mineurs du Nord en usaient une paire par semaine)[65]. Dans la seconde moitié du XIXe siècle, elle prit un tour industriel aux deux extrémités de la chaîne pyrénéenne, avec notamment pour épicentre le Haut

---

[65] Nathalie Cabanas, *L'activité sandalière en Haut Vallespir et Basse Soule, de l'essor à la patrimonialisation, du milieu du XIXe siècle au milieu des années 1980*, thèse de doctorat, dir. M. Cadé, Perpignan, 2011, T. 1, p. 53.

Vallespir (Pyrénées-Orientales)[66]. C'est dans cette dernière microrégion que l'entreprise « Sans et Garcerie » naquit et prospéra, faisant la fortune économique et sociale de son fondateur Joseph Sans. La proximité de la frontière fut déterminante dans la naissance de l'entreprise puis, à nouveau, durant la Première Guerre mondiale. Le rapport à la frontière de Joseph Sans fut indissociable de sa réussite professionnelle mais orienta aussi ses engagements politiques d'élu de la République. Son parcours semblerait illustrer, bien au-delà de sa singularité, celui d'une génération d'industriels qui trouva outre-mont des produits à développer, une formation professionnelle et/ou des capitaux. Il fait également état de choix politiques qui pesèrent pour longtemps sur le devenir de régions frontalières pyrénéennes.

Joseph Sans : frontière et ambitions industrielles

L'histoire de l'entreprise « Sans et Garcerie », belle réussite économique dans un canton frontalier de montagne, fut indissociable des relations entretenues avec l'Espagne. Le réseau familial joua un rôle déterminant aux premières heures.

Un réseau familial transfrontalier décisif

Joseph Sans était l'un des fils d'un certain Pierre Sans, un ancien « domestique muletier » né à Vic dans la province de Catalogne en Espagne. Joseph Sans écrivit au sujet de son père : « Il appartenait à une famille assez aisée, frère de 6 enfants. Comme en Espagne l'aîné était à cette époque le seul héritier, il ne possédait rien »[67]. Suite à une grave rixe dont l'issue eût pu le mener en prison, Pierre Sans avait passé la frontière et s'était installé à Saint-Laurent-de-Cerdans (Haut Vallespir). Au fil des ans, il avait acheté des mules, fait commerce du charbon, de cercles, de grains et tenu un débit de boissons. Finalement, ses

---

66 Une synthèse dans la version éditée de la thèse citée précédemment : Nathalie Cabanas, *L'industrie sandalière, Haut Vallespir Basse Soule, Histoires comparées de l'est à l'ouest des Pyrénées, XIXe-XXe siècle*, éd. Trabucaire, col. lecio Historia, n° 18, 2013, p. 19-52.

67 *Mémoires de Joseph Sans* (document dactylographié non daté, non signé, version annotée), p. 1.

activités lui firent acquérir, à en croire son fils Joseph, « une fortune pour l'époque »[68], soit une fortune toute relative mais notable au sein de la petite ville. Pierre Sans avait épousé une fille de famille modeste, Thérèse Fosse, avec laquelle il eut neuf enfants dont six décédèrent avant l'âge de 14 ans[69]. Survécurent, outre Joseph, Laurent et Auguste. Les deux frères furent associés, plus ou moins longtemps, à l'entreprise « Sans et Garcerie », le premier en tant que comptable et le second en tant que teinturier[70].

Peu après la mort de sa mère survenue le 13 octobre 1870, Joseph Sans, âgé de 14 ans, partit à Barcelone[71]. Le jeune garçon entreprit ce voyage sur les recommandations d'un oncle, Francisco, qui y avait fait fortune dans l'industrie de la toile pour espadrilles et qui était présent à Saint-Laurent au moment des obsèques. Joseph Sans expliqua des années après : « Il (son oncle) proposa à mon père de m'envoyer à Barcelone apprendre le métier de mécanicien et de tisserand avec l'intention d'installer plus tard une usine de tissage mécanique ; prévoyant un avenir très possible, car cet art prospérant de plus en plus, mon père accepta cette proposition, et il fut décidé ce jour-là de me mettre comme apprenti tisserand à la main, dans le but de faciliter l'apprentissage »[72]. Ainsi, l'adolescent apprit dans la capitale catalane le métier de tisserand, l'utilisation de différentes mécaniques et travailla enfin chez un constructeur de machines, ami de son oncle Francisco. Après avoir décliné une offre d'emploi comme contremaître dans une entreprise barcelonaise de galons, Joseph rentra à Saint-Laurent-de-Cerdans. Armé d'une solide formation technique acquise sur le tas mais avec une logique évidente, Joseph Sans apporta son savoir-faire à un projet familial qui prenait corps dans le Vallespir.

Déjà vers 1866/68, donc avant le départ de Joseph pour Barcelone, son père avait été l'associé de Francisco dans une entreprise vouée à écouler à Saint-Laurent les tissus pour

---

68 *Ibidem.*
69 *Ibidem.*
70 *Ibidem*, p. 4.
71 *Ibidem*, p. 2.
72 *Ibidem.*

espadrilles fabriqués en Espagne[73]. Joseph Sans relata des années après : « Vers 1866/68, pour faciliter le commerce de son frère, Francisco Sans, mon père s'associa avec Surroque, dit Juan Pau, son frère Chiquet et Antoine Baux, qui avaient installé une petite usine de 5 ou 6 métiers de tissu à la main pour espadrilles ; la sandale prenant de plus en plus d'extension. Le but était d'écouler des pièces de mon oncle qui se vendaient comme fabrication de Saint-Laurent »[74]. Par la suite, Pierre, Francisco et Albert Serradell, la personnalité la plus en vue du village, avaient joint leur énergie et leur argent pour créer une entreprise de toile pour espadrilles au lieu-dit « La farga de dalt », ancienne forge située à Saint-Laurent. Cet emplacement avait le mérite d'offrir la force hydraulique nécessaire au projet et témoigne de la reconversion économique de la microrégion. À son retour, Joseph participa à l'entreprise, apportant ses connaissances techniques, tandis qu'Albert Serradell se désolidarisait de l'aventure[75]. L'entreprise devint alors une affaire strictement familiale et incluant deux générations.

Une maison de toile pour espadrilles concurrente, située également à Saint-Laurent échoua par manque de savoir-faire. Les métiers à tisser furent rachetés par les Sans et par un Laurentin nommé Abdon Garcerie qui, comme Joseph, avait bénéficié de l'aide financière d'un oncle enrichi à Barcelone[76]. Ce nouvel associé n'avait pas reçu une formation outre-mont comme celle de Joseph Sans ; en revanche, il avait été scolarisé au collège de Perpignan. Ainsi, la société « Sans Frères et A. Garcerie » voyait le jour. Joseph écrivit des décennies plus tard non sans une certaine fierté : « tissu admiré par plusieurs fabricants de l'ancienne association qui sont venus les voir et ont été surpris de les voir fonctionner admirablement alors qu'ils n'avaient jamais rien fait de bon avec un ingénieur

[73] *Ibidem*, p. 2.

[74] *Ibidem*, p. 2.

[75] Archives départementales des Pyrénées-Orientales (ADPO) 3E53/214 : Albert Serradell, l'un des principaux notables laurentins de cette période, bénéficie d'un héritage conséquent en 1869.

[76] ADPO 3E53/201 : des actes notariés du 4 janvier 1851 et du 18 août 1851 mentionnent cet oncle, Pierre Garcerie « natif de Saint-Laurent-de-Cerdans » et « négociant à Barcelone » à ces dates.

alsacien d'une grande notoriété. Cela me fit une grande réputation. À partir de ce jour, ce fut la réputation de la maison Sans et Garcerie »[77]. Rapidement, l'oncle Francisco quitta l'entreprise – un grave incendie ayant ravagé ses locaux barcelonais mal assurés – au profit de Joseph Sans. L'entreprise laurentine, florissante, occupait plusieurs sites et locaux : anciennes forges situées le long d'un cours d'eau mais aussi des bâtiments neufs à l'orée du village au début du XXe siècle.

Joseph Sans à Manchester : un choix lié aux mobilités industrielles de son temps

Si les premiers temps de l'entreprise furent indissociables de l'outre-mont, c'est vers la Grande-Bretagne que se tourna quelques années plus tard Joseph Sans[78]. La maison Sans et Garcerie dut faire face à différents incendies à la fin du XIXe siècle, la plupart du temps, accidentels, occasionnellement douteux. Après les ravages de l'un d'entre eux et un versement financier conséquent effectué par la Compagnie d'assurances, Joseph Sans se mit en quête de nouvelles machines. Tout d'abord, il fit le voyage jusqu'à Roubaix où se tenait une exposition[79]. Il y glana des renseignements sur plusieurs fabricants de machines et conserva précieusement une série de cartes de visite. Il compléta sa collecte d'informations lors d'un séjour parisien.

Finalement, alors qu'il ne comprenait pas un traître mot d'anglais, il prit la décision de se rendre à Manchester. En cela, il se comportait comme de nombreux entrepreneurs du textile d'outre-mont qui allaient ou envoyaient des représentants en Grande-Bretagne, et particulièrement, à Manchester. Ces Catalans fréquentaient souvent les mêmes hôtels, effectuaient les mêmes visites[80]. Leur but était identique : observer les toutes

---

[77] *Mémoires de Joseph Sans*, *op. cit*, p. 3.

[78] « Incendie chez Sans et Garcerie », *Le Courrier de Céret*, 1804.

[79] *Mémoires de Joseph Sans*, *op. cit.*, p. 19.

[80] Gracia Dorel Ferré, « Barcelone à l'écoute des puissances industrielles : les relations de la España Industrial avec la France et l'Angleterre, 1847-1868 », *L'histoire et le patrimoine de la société industrielle en Languedoc-Roussillon-Catalogne, Les enjeux de la recherche et de la conservation*, dir. N. Marty et

dernières machines mises sur le marché afin, éventuellement, d'en équiper leurs locaux espagnols. Durant sa formation à Barcelone, le jeune Joseph Sans avait certainement constaté ces migrations du textile vouées à préparer des transferts techniques du nord de l'Europe vers la Catalogne ou plus largement vers l'Europe du Sud. Lors de ses visites, Joseph Sans se rendit auprès d'une société qui fut également visitée par la plus grande entreprise française de toile et de tresse de l'époque, Saint Frères de Puyoo dans les Basses-Pyrénées[81]. Au cours de ses premières visites, il bénéficia de l'aide d'un professeur rencontré dans le train qui décida de lui servir d'interprète. Le hasard des rencontres lui fit également faire la connaissance d'un journaliste français qui écrivait pour *La Justice*. Le Laurentin le suivait dans les dîners et passait ses soirées en sa compagnie. Intéressé par les motivations de l'industriel, amusé des anecdotes du séjour de celui-ci, il lui proposa de rencontrer G. Clemenceau à Paris afin de lui raconter son voyage. Joseph Sans déclina l'invitation, chose qu'il regretta plus tard.

Outre la fabrication de la toile, ce qui intéressait Joseph Sans – comme d'ailleurs les Établissements Saint-Frères – était la confection mécanique de la tresse pour espadrilles. Cette confection était restée longtemps manuelle, l'adaptation des machines aux fibres utilisées pour la corde s'étant avérée difficile. Des années auparavant, Joseph Sans avait acquis en Espagne ses premières mécaniques destinées à la fabrication de la corde. À cette époque-là, l'oncle Francisco avait découvert la mise en vente à Barcelone, concomitamment à un dépôt de bilan, de machines mises au point sur place par deux ingénieurs[82]. Joseph Sans les avait achetées pour une somme avantageuse et cherchait, à présent, à acquérir de nouveaux modèles. L'industrie sandalière nichée dans le Haut Vallespir était prospère, la principale fabrique de fournitures aussi. Les succès de l'une alimentaient ceux de l'autre et vice versa en cette fin du XIXe siècle et ce début du XXe. En outre, Joseph

E. Castaner-Munoz, Presses universitaires de Perpignan, coll. Études, 2007, p. 25.

[81] Notamment, *Mémoires de Joseph Sans*, *op. cit.*, p. 11.

[82] *Ibidem*, p. 5.

Sans offrait un modèle de réussite pour la jeunesse entreprenante du Haut Vallespir. Des alliances matrimoniales furent contractées au sein de cette bourgeoisie émergente, les noces de la fille de Joseph Sans avec le fils d'Abdon Garcerie n'en étant que la manifestation la plus éclatante[83]. Les Établissements Sans et Garcerie, nés d'une affaire de famille, le redevenaient. Les deux associés, également amis, étaient dorénavant parents.

La frontière au cœur des intérêts économiques durant la Première Guerre mondiale

La Première Guerre mondiale apporta à l'entreprise son lot de difficultés mais aussi d'opportunités. Opportunités que sut saisir et, peut-être encore davantage susciter, Joseph Sans en se tournant à nouveau vers la Catalogne voisine.

Entre difficultés et opportunités

Le manque de bras participa à la désorganisation de la production, s'imposant en contrainte majeure mais non exclusive. En septembre 1914, la maison Sans et Garcerie, inquiète des menaces qui pesaient sur ses approvisionnements, consulta les fabricants des Pyrénées-Orientales, de Haute-Garonne, des Basses-Pyrénées et d'Algérie afin de savoir s'ils maintenaient leurs commandes. Elle leur assurait, dans tous les cas, une production normale jusqu'à la fin de l'année. Malheureusement pour elle, les clients qui se trouvaient en bout de chaîne résilièrent unanimement leurs commandes entraînant l'annulation des contrats passés par les fabricants avec la maison laurentine de fournitures. En amont, l'entreprise pâtit aussi très vite de gros problèmes d'approvisionnement. Les cotons filés qu'elle faisait venir habituellement des filatures du Nord – Armentières, Roubaix, Tourcoing, Lille – ne pouvaient plus arriver suite à l'invasion allemande. Les produits tinctoriaux, qui provenaient habituellement d'Allemagne,

---

[83] Archives municipales de Saint-Laurent-de-Cerdans. États civils. Anna, Françoise, Marie, Thérèse Sans (1882-1948) épouse de Pierre, Jean, Abdon Garcerie.

manquèrent également. Cela obligea l'entreprise à recourir à d'anciens procédés et à former le personnel à des manipulations oubliées[84].

Au cours de l'année 1915, les difficultés furent ressenties avec une acuité au moins égale. En effet, les matières premières parvenaient avec énormément de difficultés tandis qu'en aval, la production avait du mal à être expédiée. Des balles de jute mirent cinq mois pour être acheminées par chemin de fer de Marseille à Port-Vendres dans les Pyrénées-Orientales où l'entreprise disposait d'un magasin. Le manque de main-d'œuvre dans le port phocéen mais surtout le peu de disponibilité en wagons furent la cause d'un tel délai. En 1916, la situation semblait enfin meilleure ; les cotons étaient acheminés dorénavant depuis l'Espagne via le port de Cerbère, rendant ainsi l'approvisionnement plus facile.

Dans son rapport de 1916, la Chambre de commerce mentionnait « la crise des combustibles »[85]. Le problème énergétique, déjà sensible en 1912 lors d'un différend entre la société Sans et Garcerie et les Ponts et chaussées, prit une autre dimension dans le contexte de guerre. La maison laurentine fut confrontée à des moments délicats lorsque le charbon de Carmaux, son fournisseur attitré, fut réquisitionné. Pour continuer à produire, elle parvint à importer, non sans mal et à un prix très élevé, du charbon britannique. Les coûts de production de la maison haut-vallespirienne ne purent qu'augmenter et se répercuter sur le second stade de fabrication (produits finis). À l'autre extrémité de la chaîne pyrénéenne, les maisons de fournitures des Basses-Pyrénées, notamment celle de Puyoo, souffrirent comme Sans et Garcerie de cette flambée des prix bien que les coûts d'acheminement depuis Bordeaux fussent très inférieurs.

Les inquiétudes de Joseph Sans venaient aussi de la fermeture des caisses bancaires à un moment où les clients ne payaient plus les traites. La maison laurentine se tourna vers les

---

[84] Rapport de la Chambre de commerce, cité par Pierre Poutensan, *L'évolution économique du Roussillon*, thèse de doctorat, dir. J. Sentou, Toulouse, 1976, p. 461.

[85] *Ibidem.*

banques avec lesquelles elle travaillait habituellement : la Société générale, le Comptoir d'escompte, le Crédit lyonnais et la banque Auriol[86]. Bien qu'à des degrés divers, toutes se montrèrent frileuses. Dans ses mémoires, l'entrepreneur consigna également le résultat de sa démarche auprès des banques. Le représentant du Crédit lyonnais, entre autres, lui signifia : « J'ai ordre de la direction de ne faire aucun découvert. Les caisses sont fermées pour tout le monde, et je vous conseille au contraire de laisser votre usine fermée jusqu'à des temps meilleurs »[87]. Ces premiers temps passés, Joseph Sans put écrire au sujet des banques : « Bientôt, des acheteurs de sandales arrivèrent demandant des sandales et les ventes se firent au comptant. Comme toutes les ventes se faisaient au comptant, nous faisions de suite des affaires, à tel point que je fus obligé de porter de l'argent dans les banques au lieu de leur en prendre »[88].

Les besoins de l'armée offraient une nouvelle occasion de stimuler l'activité et Joseph Sans sut saisir l'opportunité qui se présentait. Il fournit à l'Intendance militaire de Perpignan un échantillonnage de tissus pour bretelles et ceintures, des bretelles pour sacs, et des toiles pour confectionner les sacs. Après étude, ces pièces furent adressées à l'Intendance de Montpellier. Le capitaine colonial d'habillement fit également confectionner des sacs et des ceintures avec le tissu de l'entreprise « Sans et Garcerie » et partit les montrer au ministère de la Guerre qui donna son aval pour lancer la production[89].

Le militaire demanda qu'un fabricant de sandales entrât en contact avec lui afin de confectionner le matériel à partir du tissu de la maison « Sans et Garcerie ». Ce fut Jean Garcerie, apparenté à son associé, qui devint l'interlocuteur privilégié du militaire. L'armée commanda de très grandes quantités de tissus. Le capitaine voulut alors que la maison laurentine livrât une partie de son coton à des confrères de la région afin

---

[86] *Mémoires de Joseph Sans*, p. 18-19.

[87] *Ibidem.*

[88] *Ibidem.*

[89] *Ibidem*, p. 19-20.

d'exécuter la commande militaire. Mais, selon Joseph Sans, ces autres établissements devaient déjà répondre aux besoins sandaliers et à d'autres intendances militaires. Les commandes se multipliaient, et bien que la Première Guerre mondiale contrariât l'arrivée des matières premières et du charbon, elle fut très loin de condamner le secteur sandalier. La Grande Guerre fut finalement une période de prospérité pour l'activité textile vallespirienne comme elle le fut pour d'autres activités et/ou régions des Pyrénées. Il est possible ici de penser, entre autres, au bassin de Nay ou à Hasparren[90] à l'autre extrémité des Pyrénées où des entrepreneurs du secteur « cuir et peaux » virent se maintenir et même gonfler leurs carnets de commandes durant le conflit.

Se tourner vers Barcelone : un moyen de répondre aux opportunités

Face à la difficulté d'obtenir du coton brut et, donc, de produire tout le tissu demandé, Joseph Sans se tourna vers l'outre-mont qui avait permis quarante ans plus tôt le décollage de ses affaires. Ainsi, il acquit en Espagne les tissus recherchés et les livra à l'industrie sandalière vallespirienne qui put alors honorer les commandes civiles et militaires. Joseph Sans expliqua cette orientation de la sorte : « Le capitaine me pria de me rendre en Espagne pour en trouver (du tissu). Je me rendis à Barcelonne (*sic*) et je traitais avec différentes maisons qui me fournirent de gros tissus pour sacs, et un (*sic*) autre pour garnitures et pour ceinturons, etc., et je devins fournisseur de tissus à tous les fabricants de sandales »[91]. Dans ce cas précis, et le tout sur fond de contexte guerrier, l'armée française encourageait le recours à des productions étrangères. Ces acquisitions faites dans la péninsule n'avaient pas un caractère exceptionnel. En effet, de nombreuses matières premières et beaucoup de produits semi-finis venus d'Espagne furent traités

---

[90] B. Cuburu, « L'industrialisation et l'émigration à Hasparren XIXe s.-XXe s. » et J.L. Gazzurelli, « La plaine de Nay, un îlot industriel du Piémont pyrénéen et son insertion dans l'économie régionale », communications, *Les Universités du patrimoine*, 3-4 mai 2007, Irissarry, Pyrénées-Atlantiques.

[91] *Mémoires de Joseph Sans, op. cit.*, p. 20.

en France durant la guerre[92]. Pour certains achats, de véritables accords entre les deux États furent passés[93].

Joseph Sans multipliait alors les allers-retours à Barcelone et narra au sujet de cette période : « J'ai donné une somme de travail extraordinaire, car j'avais à ce moment-là un seul contremaître à l'usine. J'étais obligé de faire un voyage par semaine à Barcelone, souvent deux, car on livrait très lentement. J'avais un personnel de fortune avec quelques vieux qui me restaient. Je partais le soir pour aller coucher à Perpignan. Je prenais le train à 2 heures du matin, j'arrivais à Barcelone vers 9 heures. Je prenais un taxi ou une voiture pour me rendre dans diverses maisons. Je reprenais le train le même jour à 7 heures du soir et arrivais à Perpignan après minuit, reprenais le train à 6 heures du matin pour arriver à Saint-Laurent à midi pour reprendre le travail à 1 heure de l'après-midi jusqu'à 9 ou 10 heures, pour un bénéfice très réduit »[94]. Joseph Sans se plaignit aussi d'avoir dû à cette époque payer comptant à Barcelone et n'être lui-même payé par les fabricants que lorsqu'ils étaient rémunérés par les clients. Toujours est-il que les temps de guerre furent finalement des temps de profit pour la maison Sans et Garcerie. Avec un chiffre d'affaires croissant, elle acheta du nouveau matériel à Barcelone et agrandit ses locaux[95].

L'entrepreneur écrivit aussi au sujet de cette période : « Nous avions beaucoup de travail à l'usine, mais malheureusement le personnel (comme je le dis plus haut) de fortune et très restreint. Je donnais une somme de travail immense, ce qui me fatiguait énormément, surtout que pour les besoins de cette situation, je fus obligé d'installer de nouveaux métiers que j'achetai à Barcelonne (*sic*) ainsi que des machines de préparation, étuve pour le séchage, agrandissement de la teinturerie… et on ne trouvait rien pour construire, ni chaux, ni ciment, ni boiserie. C'est ainsi que, pour installer une pièce

---

[92] Miquel Ruquet, *Déserteurs et insoumis de la Grande Guerre sur la frontière des Pyrénées-Orientales*, Trabucaire, 2009, p. 411.
[93] *Ibidem.*
[94] *Mémoires de Joseph Sans*, p. 22.
[95] *Ibidem.*

pour sécher les pièces car nous n'avions jamais eu tant de pièces, je trouvais des difficultés énormes pour me procurer du bois. J'ai eu recours à M. Bardou pour lui prendre des boiseries d'une charpente qu'il démolissait. Cette étuve nous a été d'une grande utilité depuis et nous a permis d'augmenter considérablement notre production »[96].

Outre les trajets éreintants, le manque de bras et de matériaux d'une activité qui avait retrouvé du souffle, Joseph Sans eut de démêlés répétés avec un certain commandant Maniel, évoqué précédemment. Le militaire voyait, notamment, d'un mauvais œil les stratégies de l'entrepreneur laurentin et prit, entre autres, part à une accusation portée contre celui-ci. En effet, l'industriel aurait donné l'ordre de substituer le chanvre au coton lors de la fabrication de ceintures destinées au marché militaire. Après maints remous, le militaire remporta une manche en empêchant l'arrivée de fourniture d'Espagne, épisode raconté ainsi par Joseph Sans : « Maniel réussit également à empêcher le capitaine Heber de continuer toutes confections et les ordres remis furent brusquement annulés. Alors, je fus obligé de courir à Barcelonne (*sic*) pour annuler les ordres et avec certains, je fus même obligé de payer une indemnité »[97]. Cela lui fit noter après la guerre : « Pour cette raison et pour bien d'autres affaires d'intendance dont je fus le témoin, je n'ai pas gardé une bonne impression sur la moralité de M. Maniel. J'ai cependant eu des affaires avec l'intendant Che… Lamy et le capitaine Boher qui ont agi correctement »[98]. Au paroxysme de la crise, l'industriel se rendit à Montpellier afin de plaider sa cause auprès de l'intendant militaire. Celui-ci confirma dans un premier temps la suspension de l'ordre d'importer avant d'accepter que J. Sans terminât l'approvisionnement. Le fabricant obtenait finalement gain de cause. Peu de temps avant cette ultime décision donnée en sa faveur, il était allé à la rencontre du préfet des Pyrénées-Orientales : « Par suite des relations très suivies que j'ai eues avec ce milieu, j'ai vu des affaires louches avec des

96 *Ibidem.*
97 *Ibidem*, p. 21.
98 *Ibidem.*

fournisseurs du pays et étrangers, à tel point que je suis allé prévenir le préfet du gaspillage "autorisé" »[99]. Ses fonctions politiques de maire et un temps de conseiller général, ainsi que son statut d'industriel notable du département, l'avaient déjà mené à fréquenter le préfet. C'est coiffé de cette double casquette qu'il le rencontra à nouveau et défendit avec ardeur ses intérêts économiques. Entre France et Espagne, Joseph Sans trouvait un équilibre favorable à ses intérêts qu'il ne comptait pas voir contrecarrer.

Durant la guerre, il sut à la fois user d'une position économique et d'un statut politique acquis en France et d'opportunités transfrontalières, la Catalogne voisine restant un foyer important de l'industrie textile dans les années 1910. Alors que les tensions internationales étaient à leur paroxysme et que la frontière était pensée comme un espace fermé ou, au minimum, hautement surveillé, il usait des marges de manœuvre toujours possibles afin de maintenir ou d'affermir ses positions économiques.

L'élu Joseph Sans : frontière et nation

L'industriel Joseph Sans fit également une carrière politique en tant que maire de sa commune (1908-1929) et conseiller général (1907-1914). Ses prises de position en tant qu'élu, notamment sur le dossier des transports, contribuent à la compréhension de son rapport à la frontière.

Un élu de la République[100]

Lors des élections municipales de 1908, Joseph Sans déclaré « industriel » et se présentant sous l'étiquette « radical-socialiste » remporta les élections dans la petite ville de Saint-Laurent-de-Cerdans contre, notamment, un héritier de

---

[99] *Ibidem*, p. 22.

[100] Pour cette partie, je renvoie également aux travaux de Peter Mc Phee. Dont : Peter Mc Phee, « Quartier blanc, quartier rouge : frontière, industrialisation et politique à Saint-Laurent-de-Cerdans, 1814-1914 », *Pratiques et cultures politiques de la France contemporaine*, Presses de l'Université Paul Valéry, Montpellier, p. 211-243.

l'ancienne noblesse locale, Jacques de Noëll[101]. Sur l'ensemble des candidats prêts à siéger au conseil municipal, quatorze personnes étaient en lien avec l'industrie sandalière[102]. En remportant les élections et la mairie, Joseph Sans succédait à son ami et associé Abdon Garcerie qui appartenait à la même famille politique. Les deux principaux industriels de la commune frontalière de Saint-Laurent-de-Cerdans trouvaient dans la IIIe République les leviers pour jouer aussi un rôle politique. Ils se substituaient en cela à l'ancienne élite locale, tant au point de vue économique que politique. Joseph Sans s'était fait les armes sous la mandature précédente en tant que conseiller municipal et avait été chargé de l'installation de l'éclairage public dans la ville. Ce réseau devait permettre, notamment, à tous les ouvriers du second stade de fabrication qui confectionnaient des espadrilles sur leur pas de porte de travailler plus aisément et plus longtemps. Une fois devenu premier édile, Joseph Sans occupa vingt ans et six mois le fauteuil de maire et ce « républicain de gauche » ne le perdit qu'en 1929 face à une équipe déterminée d'ouvriers de l'industrie sandalière étiquetés SFIO[103].

Ainsi, l'industriel rodé aux relations transfrontalières quand les affaires l'exigeaient, devint un élu de la République française comme le devinrent d'autres bourgeois de province. Il manifestait son patriotisme, lorsque les circonstances l'exigeaient, comme en témoigne une délibération du conseil municipal de Saint-Laurent du 24 novembre 1918 : « M. le Maire expose au Conseil municipal que la commune de Saint-Laurent-de-Cerdans serait unanime à voter des félicitations aux grands maréchaux Joffre, Foch et Pétain ainsi qu'à M. Clémenceau (*sic*) président du Conseil, ministre de la Guerre pour l'œuvre grandiose, immortelle, qu'ils ont remplie avec les armées en délivrant le territoire français de tous nos ennemis »[104]. Joseph Sans porta toute sa vie une sincère admiration à Georges Clemenceau et bien antérieure, déjà, à la

---

[101] ADPO 3M 467. PV des élections municipales (10 mai 1908).
[102] *Ibidem.*
[103] ADPO 3M506. PV des élections municipales (5 mai 1929).
[104] AM Saint-Laurent-de-Cerdans. Séance du conseil municipal, 24 novembre 1918.

guerre. À l'issue du conflit, et comme les autres maires de France, il travailla sur le dossier de l'édification d'un monument aux morts de sa commune. En cela, le fait d'être un élu d'une petite ville frontalière n'influait pas sur son attachement visible à son pays. Quelques années auparavant, quand la guerre fut déclarée, il en avait été de même : il avait réuni en urgence les élus, rapidement convoqué les principaux contribuables de la commune et tenté d'anticiper les conséquences d'une guerre qui débutait. Dans ces heures et minutes fortes, il ne manifesta pas un instant d'hésitation dans sa fidélité à la nation, à sa nationalité et face à ses responsabilités d'élu. Les délibérations municipales font état d'une forte réactivité du premier édile à l'annonce du conflit et dans les jours qui suivirent. Cette qualité lui avait servi dans les affaires et lui servait, à présent, dans sa fonction de maire.

Joseph Sans et la question des transports dans les hauts cantons frontaliers

Longtemps maire, Joseph Sans fut aussi, plus brièvement, conseiller général du département des Pyrénées-Orientales, sa démission en 1914 étant la conséquence d'une interférence entre ses intérêts d'industriel et son mandat. Il commença à siéger à l'assemblée départementale en 1908, succédant, comme à la mairie, à son associé Abdon Garcerie. Ce dernier avait porté, devant le Conseil général, le projet d'un train électrique destiné à desservir son canton pyrénéen et présenté devant ses pairs en 1907 une pétition des habitants de la microrégion allant dans ce sens[105]. Joseph Sans poursuivait sur cette lancée et portait toute son attention et son énergie à l'installation et à l'amélioration du réseau de voies de communication des hauts cantons frontaliers de son département. Jules Pams[106] (canton d'Argelès-sur-Mer), qui présidait l'assemblée, prit fait et cause pour ces installations, dénonçant les retards et les lourdeurs administratives lors d'une session du conseil de 1909 : « Cela est intolérable et met les habitants du pays dans l'obligation de

105 ADPO 1N1907. Compte-rendu de séances 1907 (1er semestre).

106 Ministre de l'Agriculture (1911-1912), ministre de l'Intérieur (à partir de novembre 1917).

se plaindre d'une situation qui ne peut se prolonger plus longtemps »[107]. Un autre élu du département, Paul Pujade, lançait au sujet des habitants des cantons de moyenne montagne concernés : « C'est un peuple du Nord transporté sous le ciel du Midi. Nos paysans, nos ouvriers sont sobres, laborieux, intelligents, actifs, industrieux et prévoyants. Ils sont prêts à transformer leur outillage en prévision des nouveaux moyens de transport rapides qui leur ont été promis ; il faut qu'ils sachent qu'ils les auront »[108].

Sur le dossier du tramway dans la microrégion du Haut Vallespir, Joseph Sans fit l'impasse sur le tempérament des ouvriers. En revanche, en 1910, il déclarait devant l'assemblée départementale : « (…) l'infériorité où nous place notre éloignement des lieux de production de matières premières et de consommation de nos produits manufacturés, cet équilibre va être rompu contre nous par la création de nouvelles usines qui disposent de forces hydrauliques ; telle celle que vient d'installer au Bazacle, sur les bords de la Garonne, M. Auguste Sans, mon ancien associé »[109]. Donc, l'industriel et élu décrivait une situation d'enclavement contraire à ses affaires et à celles de ses collègues fabricants, affaires tournées vers l'espace hexagonal en amont et en aval de la production. La frontière et l'outre-mont avaient présidé au décollage de l'entreprise « Sans et Garcerie » dans le dernier tiers du XIXe siècle. Mais, dès cette période ou très rapidement, la société utilisa des matières premières, des sources d'énergie provenant de France et eut des débouchés français. Donc, si ses affaires exigeaient une réduction de l'espace-temps au sein de l'Hexagone, l'élu Joseph Sans allait y œuvrer avec les cartes qu'il avait en main. Cette stratégie était en accord avec un dessein plus vaste d'ancrage accru au territoire national qui passait par les moyens de communication ou encore l'école. Jules Pams, élu de province et ministre d'État, n'a-t-il pas affirmé en avril 1912 devant l'assemblée des Pyrénées-Orientales : « Les générations qui nous suivront constateront avec quelques surprises qu'il a suffi

[107] ADPO 1N93, session ordinaire d'avril 1909.
[108] Même session.
[109] ADPO 1N95. Session ordinaire de février 1910.

d'un quart de siècle pour qu'un des départements les plus pauvres ait pu, dans une poussée d'admirable éclosion, devenir une des contrées les mieux aménagées de France. Des écoles partout, des routes partout, des tramways partout » ?[110].

Joseph Sans, rapporteur à de nombreuses reprises des questions liées aux transports dans son département frontalier, travailla donc au développement des chemins de fer dans les Pyrénées-Orientales et en particulier à celui des lignes de montagne. Il fit en sorte que son canton soit desservi par le tramway (ce mode de traction fut privilégié dans ces zones de moyenne montagne) mais aussi que la gare de Saint-Laurent voisinât ses usines. Dans le même temps, comme en témoignent les délibérations du Conseil général, il déploya une vive énergie afin de renforcer le réseau routier de moyenne montagne en direction de l'Espagne[111]. Mieux relier le Vallespir au reste du territoire national n'excluait pas à ses yeux l'amélioration des axes de communication avec l'Espagne. Ce rapport à la frontière était encore en relation étroite avec ses intérêts économiques et ceux de sa microrégion, Joseph Sans amorçant une diversification de ses activités (carrières de chaux…) qui eût pu profiter de meilleures liaisons avec l'Espagne. Le dossier traîna en longueur comme l'atteste une série de rapports administratifs et de courriers, le tout au grand dam de Joseph Sans. Au départ, en avril 1909, il expliqua à l'assemblée départementale que l'initiative venait de conseils municipaux espagnols. Il déclara que « cette route serait l'ouverture de notre pays », que « notre pays souffre de l'absence de lien entre l'Espagne et la France » avant d'invoquer « l'intérêt général de notre pays, l'intérêt particulier de notre département (qui) exige qu'un effort soit tenté pour mettre fin à une situation préjudiciable à deux nations voisines et amies »[112]. Joseph Sans en appela aux sénateurs et députés du département afin qu'ils se mobilisent et fassent lever l'opposition d'un Génie militaire méfiant. Si, en 1911, le projet semblait avancer et l'idée mûrir en France, le coup d'arrêt vint de l'Espagne. L'ambassadeur de

---

110 ADPO 1N97. Session ordinaire d'avril 1912.

111 À partir d'avril 1909. ADPO 1N94. Session ordinaire d'avril 1909.

112 *Ibidem.*

France à Madrid fit savoir « que l'Espagne ne juge pas possible d'accepter les propositions françaises, non seulement en ce qui concerne le passage de la route internationale au col Pragon, mais encore relativement au prolongement de la route royale. Le ministre d'État espagnol a estimé, en effet, qu'il n'existe pas de raisons suffisantes de l'ordre économique pour justifier la dépense qu'entraînerait le projet de route en question »[113]. Malgré tout, le projet sembla trouver un nouveau souffle après maints efforts de Joseph Sans et de plusieurs de ses collègues. Le 18 mai 1914, les membres du Conseil général affirmaient que « le génie espagnol a levé son opposition (...) il est indispensable de pousser à fond cette question des voies de communication vers l'Espagne, d'un intérêt capital pour les populations de la frontière »[114]. Mais, avec la démission de Joseph Sans cette même année, le département perdait l'un des plus ardents défenseurs de ce projet routier[115]. En outre, les affres de la guerre allaient se révéler fortement contraires à l'idée de pousser plus avant ce dossier.

Joseph Sans, élu de la République dans un département voisin de l'Espagne, œuvra avec toute son énergie en faveur de l'extension des réseaux de communication, action destinée à contrecarrer l'enclavement de cantons frontaliers éloignés de Paris. Il travailla aussi à améliorer le réseau routier transfrontalier, utile aux affaires des communes limitrophes. Lorsqu'il démissionna, il avait réussi à mener à bien le premier dossier, échoué à faire aboutir le second. Et encore, était-il mécontent des options des Ponts et chaussées en ce qui concernait le tramway dans les hauts cantons, choix qui ne lui permettaient pas de faire les bénéfices qu'il avait escomptés.

Né dans une commune proche de l'Espagne d'un père ayant vécu la première partie de sa vie dans la Catalogne voisine, la frontière franco-espagnole était pleinement intégrée dans le

---

[113] ADPO 1N96. Session ordinaire avril 1911.

[114] ADPO 1N100. Séance ordinaire mai 1914. Propos rapportés par E. Brousse, élu.

[115] Pour cause de conflit d'intérêts. Outre les *Mémoires de Joseph Sans*, ADPO 3M334 : lettre de démission de Joseph Sans (31 mai 1914) et rapport préfectoral (28 juillet 1914).

cadre mental de Joseph Sans. Il en saisit, comme sa famille avant lui et son associé, toutes les opportunités mais bientôt aussi toutes les limites. La proximité de la frontière présida au décollage de l'entreprise : formation et capitaux initiaux venus en grande partie d'Espagne, commercialisation en France. Lorsque Joseph Sans décida de se rendre en Grande-Bretagne, il suivit le trajet emprunté tous les ans par les représentants des principales maisons textiles de Barcelone. Puis, au cours de la Première Guerre mondiale, il se tourna à nouveau vers l'outre-mont, la Catalogne voisine servant la prospérité de ses affaires. Élu municipal durant vingt ans, plus brièvement départemental, il fut, sans la moindre ambiguïté, fidèle à sa nation et à la République. Durant son mandat au conseil général, il œuvra en faveur de l'essor des voies de communication dans son département. Il encouragea la mise en place du chemin de fer dans les hauts cantons frontaliers afin de lutter contre un enclavement de sa microrégion et de ses entreprises au sein de l'espace hexagonal. Il porta aussi, toujours dans une logique visant à éviter l'enclavement de son canton, le dossier d'amélioration du réseau routier transfrontalier. La première option aboutit, la seconde échoua à l'orée de la Première Guerre mondiale. Durant ses jeunes années, Joseph Sans avait su exploiter une position frontalière puis, à presque soixante ans, avait déployé une belle énergie afin d'en préserver les avantages. Mais, au fil du XXe siècle, la microrégion où se trouvaient les Établissements « Sans et Garcerie » joua, de moins en moins, de sa position frontalière en s'orientant vers un espace hexagonal dont elle restait périphérique, la fermeture de la ligne de tramway aggravant la situation. La marginalisation devait finalement l'emporter.

Les frontières entre l'Est et l'Ouest, entre construction nationale, héritage historique et européanisation. L'exemple de la frontière entre la Pologne et l'Ukraine

Aurore FLIPO

U-kraïna : le mot signifie la frontière, la marche, le seuil (de la préposition *u*, « au » – dans le sens de « devant » –, et *kraïna*, « pays ») : « *Au début de l'histoire de l'Europe orientale, il désignait une zone en bordure de la steppe, une ligne de partage entre les populations sédentaires et nomades qui fonctionna au fil des siècles tantôt comme un rempart tantôt comme un carrefour entre les mondes slavo-chrétiens d'une part, turc ou tatar musulman d'autre part* »[116]. L'Ukraine est aussi limite mouvante entre la Pologne catholique et la Russie orthodoxe. C'est ainsi un territoire multiculturel, multiconfessionnel et multilingue, dont les frontières aussi bien culturelles que politiques ont beaucoup voyagé au cours de l'Histoire. D'où provient le tracé de la frontière actuelle ? Dans quelle mesure l'européanisation de cette frontière, provoquée par l'élargissement de l'Union européenne puis de l'espace

---

[116] Gilles Lepesant, *L'Ukraine dans la nouvelle Europe*, CNRS Éditions, Paris, 2004, p. 15.

Schengen à l'Est, en a-t-elle modifié les usages pratiques aussi bien que la portée symbolique ?

Au cours des événements récents qui ont secoué cette partie de l'Europe depuis 2013, il a beaucoup été question des frontières entre Europe et Russie, entre l'Est et l'Ouest, et de l'inviolabilité des frontières nationales. Ce principe du droit international qui garantit la souveraineté des États qui constituent le système international tend cependant à faire oublier à quel point la frontière est une construction historique parfois hasardeuse. Bien que toujours ambiguë, la frontière et par là même, la distinction entre soi et l'autre, est constamment instrumentalisée par les pouvoirs politiques (nationaux, impériaux, de l'intérieur ou de l'extérieur du pays) dans le but de servir des luttes et des rivalités qui dépassent largement l'enjeu territorial auquel elle est souvent ramenée.

Dans cette contribution, nous allons essayer de montrer à partir d'un cas particulier, celui de la frontière entre la Pologne et l'Ukraine, à quel point la frontière *sert* la construction de l'identité nationale bien plus qu'elle n'est un *attribut* de celle-ci. Dans un second temps, nous verrons comment l'élargissement de l'espace Schengen à l'Est a bouleversé une frontière qui était avant cela très poreuse, et comment le processus de fixation de la frontière occidentale peut aider à comprendre l'existence de conflits sur la frontière orientale.

La frontière, « du temps inscrit dans l'espace » (Foucher, 1990)

« *Ce que sont les frontières, ce qu'elles représentent, sont constamment reconstitués par des êtres humains qui sont régulés, influencés et limités par ces mêmes frontières* »[117].

Des « confins polonais » à l'URSS

La notion de « confins polonais » renvoie à la période de l'âge d'or de la couronne de Pologne unie avec celle de la

---

[117] Malcolm Anderson, « Les frontières. Un débat contemporain », *Cultures & Conflits* n°s 26/27, 1997.

Lituanie, entre 1569 et 1795 : la Rzeczpospolita Obojga Narodów ou République des Deux Nations, aussi appelée Commonwealth polono-lituanien. Elle désigne les terres aujourd'hui à l'est de la Pologne et qui appartenaient à cette période à la Double Couronne (voir carte n° 1).

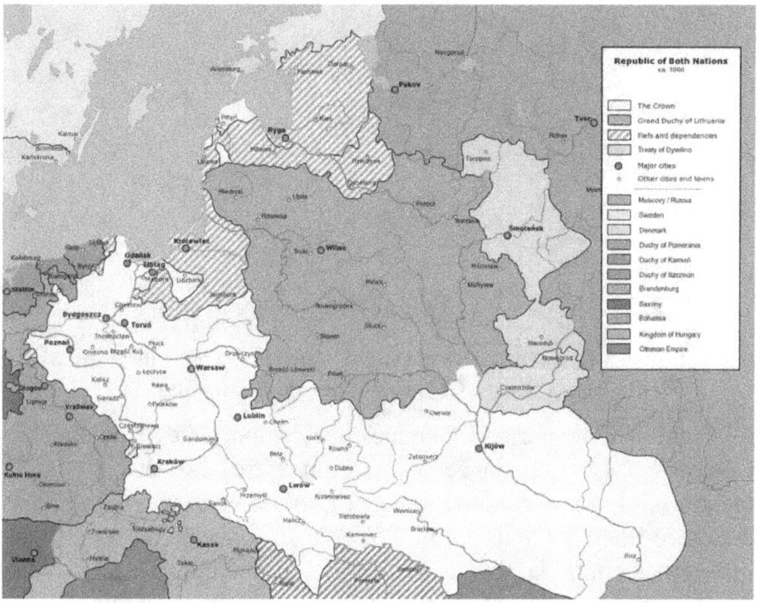

Carte. La Couronne polono-lituanienne à son apogée (1630). Carte de Halibutt, sous licence CC via Wikimedia Commons

Au maximum de son extension, autour de 1635, la Double Couronne englobe un territoire qui comprend aujourd'hui celui de la Lituanie, de la Biélorussie, de la Pologne et de l'Ukraine. Entre 1772 et 1795, suite à des instabilités internes et aux velléités d'expansion des empires voisins, le territoire de la Double Couronne est dépecé par les empires prusse, russe et austro-hongrois en trois étapes successives, en 1772, 1793 et 1795 (carte 2).

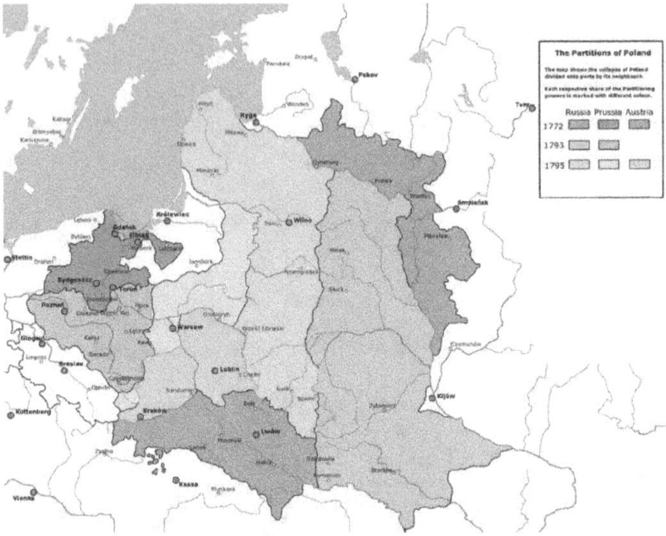

Carte 2. La partition de la Double Couronne. Carte de Halibutt, sous licence CC via Wikimedia Commons

Entre la Pologne et l'Ukraine, une région s'étend de l'est de Cracovie à Lviv, partagée aujourd'hui entre les deux pays : la Galicie (carte 3). C'est cette région, disputée entre les empires russe et austro-hongrois puis entre Polonais et Ukrainiens, qui fonde historiquement à la fois la notion de frontière mais aussi celle d'appartenance historique commune entre Pologne et Ukraine.

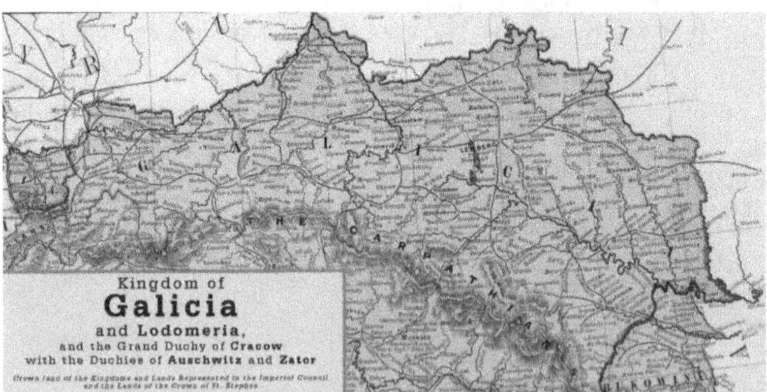

Carte 3. Le Royaume de Galicie (1897). Reproduction d'atlas appartenant au domaine public

Terre historique des Ruthènes (que certains considèrent comme étant le peuple d'origine des Ukrainiens), la Galicie a été rattachée à la Pologne dès 1340 par le roi Kazimierz Wielki, et le restera jusqu'à la première partition de 1775 où elle tombe sous la domination austro-hongroise avec le sud de la Pologne et la région de Cracovie. En 1914, elle est conquise par l'Empire russe pendant les premiers jours de la Première Guerre mondiale, puis reprise par l'armée autrichienne en 1915. Entre 1918 et 1921, les Polonais tentant de la reconquérir se heurtent à la résistance ukrainienne qui s'est organisée autour de Lviv pendant la période austro-hongroise pour préparer l'indépendance. La Russie soviétique profite finalement de ce conflit pour envahir le territoire oriental de l'Ukraine et en 1921, elle signe un traité de paix avec la Pologne dans lequel la Galicie lui est laissée. Elle restera alors polonaise jusqu'en 1939. Bien que disputée entre 1775 et 1921, la Galicie a donc toutefois fait partie de la Pologne pendant plus de 500 ans, et on trouve ainsi à Lviv un important patrimoine historique polonais. Cependant, bien que n'ayant en définitive jamais appartenu à l'Ukraine en tant que pays indépendant avant 1945, Lviv est pourtant le berceau intellectuel et culturel de la nation ukrainienne, notamment grâce aux échanges permanents avec sa voisine Cracovie et à la constitution parallèle à partir de la fin du XVIIIe siècle d'une identité nationale face aux Empires.

Ainsi, la Galicie est une région politiquement et culturellement importante, située entre Cracovie, la ville des Rois, qui a toujours été considérée comme le véritable centre historique et culturel de la Pologne, et Lviv, le berceau historique des premiers mouvements nationaux ukrainiens. Par ailleurs, on trouve en Galicie une importante minorité juive (les Juifs Galitzianer), de langue yiddish, qui constituait environ 7 % de la population galicienne (Röskrau-Rydel, 2008). Bien que vivant dans une certaine harmonie multiethnique entre Allemands, Polonais, Juifs et Ruthènes jusqu'en 1918 (*ibid.*), la région fut marquée par une forte violence par la suite. Le « retour » de la Galicie en Pologne en 1921 s'accompagna ainsi d'une mise à l'écart des Juifs et des Ruthènes de la vie publique, tandis que les indépendantistes ukrainiens appellent à l'élimination des Juifs et des Polonais dès 1929 (Vidal, 2001). Durant la Seconde Guerre mondiale, de très violents pogroms et massacres auront lieu en Galicie.

Pour l'Ukraine et la Pologne, c'est donc une terre marquée par la violence et les rivalités, mais aussi par les échanges dans la période d'avant 1918. De manière assez paradoxale, on peut dire qu'Ukrainiens et Polonais ont construit leurs nationalismes *ensemble* contre les Empires qui les dirigeaient, avant de finalement les retourner l'un contre l'autre entre 1918 et 1920 pour se disputer un « berceau national » commun, la Galicie. Ce processus de désignation de la terre-mère s'accompagne alors de la désignation des « étrangers » à celle-ci : Juifs et Allemands.

Après la Seconde Guerre mondiale et l'inclusion de l'Ukraine dans l'URSS, de nombreux intellectuels polonais, en particulier originaires de Cracovie, ont ainsi milité pour l'indépendance de l'Ukraine dès les années 1950, notamment le milieu exilé à Paris autour de la revue *Kultura*.

De Yalta à l'Union européenne

Au sortir de la Seconde Guerre mondiale, les frontières en Europe centrale et orientale ont été définies de manière unilatérale par le traité de Yalta. En ce qui concerne la Pologne et l'Ukraine, le traité a repris le tracé de la « ligne Curzon » (voir carte 4).

Carte 4. La ligne Curzon

Celle-ci tient son nom du ministre des Affaires étrangères Lord Curzon, qui la proposa pendant la guerre entre la Pologne et l'URSS en 1920-1921 comme une ligne d'armistice possible. Ce « plan Curzon » ne fut pas retenu à l'époque. Cependant, à Yalta, Staline invoqua la ligne Curzon pour annexer à l'URSS les territoires se trouvant à l'Est de cette ligne, plus la région de Galicie orientale, qui se trouvait à l'ouest de la ligne dans son tracé originel.

Pendant la période communiste, les frontières sont restées telles que dessinées par Staline, Churchill et Roosevelt à Yalta. Cependant, à la chute du Mur de Berlin et à la différence du cas yougoslave, la plupart des frontières n'ont pas été contestées ni disputées en Europe centrale, à l'exception de la frontière entre la Roumanie et la Moldavie (Transnistrie).

Cela est dû à plusieurs raisons. D'abord, quarante-quatre années vécues dans le Bloc de l'Est ont laissé durablement à la notion de frontière un arrière-goût de fer dans l'esprit des nations d'Europe centrale. La chute du Mur de Berlin s'est donc accompagnée d'un démantèlement généralisé des frontières, et le retour de la libre circulation des personnes a été vécu pour beaucoup comme le symbole de la liberté retrouvée : « *Après 1989, les contacts transfrontaliers sont devenus faciles, et pour beaucoup de gens, ils ont représenté l'un des principaux gains des révolutions démocratiques* »[118].

Par ailleurs, la double adhésion à l'OTAN et à l'UE impliquait la signature de traités bilatéraux de reconnaissance des frontières et le respect des droits démocratiques des minorités dans chaque pays, désamorçant ainsi d'éventuels conflits territoriaux.

En ex-URSS, la plupart des frontières nouvelles furent également définies de manière pacifique. Cependant, à la différence des pays d'Europe centrale qui ont reconnu mutuellement de manière institutionnelle leurs frontières, en ex-URSS la relative absence de conflit déclaré jusqu'en 2013-2014 semble surtout tenir au fait que les frontières n'étaient pas

[118] Batt Judy, "Between a Rock and a Hard Place. Multi-ethnic Regions on the EU's New Eastern Frontier", *East European Politics and Society*, vol. 15, n° 3, septembre 2001.

définies précisément. La frontière orientale de l'Ukraine a ainsi fait l'objet d'un traité bilatéral de reconnaissance mutuelle avec la Russie seulement en 2004, après quatre ans de négociations. En outre, le traité maintenait une certaine hybridité du territoire puisque la mer d'Azov et le détroit de Kertch devaient rester des territoires communs et Sébastopol – ville de Crimée, République autonome rattachée à l'Ukraine – devait rester une base navale russe jusqu'en 2017 au moins. Enfin, la démarcation concernant l'île de Tuzla, objet de tensions entre la Russie et l'Ukraine depuis 2003, n'a jamais été effectuée, bien qu'une commission de démarcation ait été formée à plusieurs reprises, sans succès. On comprend alors mieux pourquoi le conflit a éclaté à la suite de la revendication de rattachement de l'Ukraine aux institutions occidentales : tant que la frontière entre l'Ukraine et la Russie demeurait un territoire ambigu et poreux, le conflit pouvait être évité. Mais dès lors que l'Ukraine a exprimé une volonté d'adhésion à l'OTAN, la situation d'ambiguïté à la frontière orientale ne pouvait être tenable. Le conflit actuel entre l'Ukraine et la Russie doit se comprendre dans la continuité de la question de la résolution des frontières de l'après Seconde Guerre mondiale, restée larvée pendant près de soixante-dix ans.

Avec la Biélorussie, la situation est encore plus floue puisqu'il n'existe pas de traité de délimitation, seulement un accord bilatéral de surveillance des frontières. Dans l'hypothèse où la Biélorussie connaîtrait une révolution démocratique, il est à peu près certain que celui-ci s'accompagnerait d'un conflit diplomatique (mais, espérons-le, pas forcément d'un conflit armé) sur sa frontière orientale.

Le « retour » de la nation en Europe de l'Est

Le legs des empires

À la chute de l'empire soviétique, on interpréta souvent la fragmentation de l'Europe de l'Est et du Caucase en termes de « retour du nationalisme ». Cependant, comme le rappelle Valerie Bunce, « *le nationalisme n'a en fait jamais cessé, même pendant la période communiste* »[119]. En fait, il était à la fois contenu et encouragé par la logique impériale soviétique.

Pour remonter aux sources de ce nationalisme, il faut tout d'abord remonter à la période des empires. En effet, le système de gouvernance des empires implique un système complexe, à la fois de rattachement et de détachement, de l'identité au territoire, dont il résulte une configuration particulière des frontières.

Les empires qui ont occupé les territoires de l'est de l'Europe (austro-hongrois, prusse, russe et ottoman) avaient la particularité de renfermer de multiples communautés ethniques (appelées par Valerie Bunce « proto-nations ») et religieuses, gouvernées depuis le centre dans une continuité territoriale. En effet, contrairement aux empires de l'Ouest qui se sont construits sur le mode de la colonisation outre-mer (à l'exception de l'empire napoléonien), les empires du Centre et de l'Est se sont construits sur le mode de l'expansion continue depuis le centre politique, sur des territoires au peuplement divers et relativement récent. Il en résulte une forme particulière d'identité : rattachée physiquement dans un territoire à l'échelle locale, autour d'une communauté (qui va du simple village à la région selon les cas), et symboliquement à l'échelle d'une nation sans territoire et sans institution politique. Ainsi la nation s'est-elle construite dans une *communauté de destin* clôturée par des frontières symboliques composées de références culturelles et de mythes fondateurs, englobant la diaspora disséminée dans les empires voisins et représentant souvent plusieurs millions de personnes, et non dans un système étatique clôturé par des frontières fixes et physiques. Les nations imaginaires en Europe centrale ne correspondent souvent pas aux frontières réelles des États, et la Galicie n'en représente qu'un exemple parmi d'autres.

En outre, le système impérial s'appuie sur les différences entre les communautés qui la composent, jouant des rivalités, s'organisant autour d'un centre et de périphéries multiples :

[119] Bunce Valerie, « The National Idea. Imperial Legacies and Post-Communist Pathways in Eastern Europe », *East European Politics and Society*, n° 19, 2005.

« Les relations bilatérales et hiérarchiques entre chaque unité périphérique et le centre, au lieu de la combinaison, dans les États, de l'intégration horizontale et verticale, donne aux empires ce qu'Aleksander Motyl a appelé leur caractère "sans limites". Ainsi, alors que les frontières extérieures de l'empire sont "molles", les frontières internes sont "dures" »[120].

La porosité des frontières externes des empires est en outre une nécessité pour l'expansion continue de l'empire. À la différence de l'État nation qui fixe une autorité politique de manière territoriale, en instituant une frontière stable, défensive, l'empire est constitué de « régimes politiques multiples »[121] et d'une frontière offensive qui avance non à la manière d'un front mais par un jeu complexe d'inclusions et de mises en concurrence, que l'on retrouve décrits avec acuité et non sans humour au sujet de l'empire austro-hongrois par Robert Musil :

« Ce sentiment politique austro-hongrois était une entité si curieusement bâtie qu'il semble presque inutile d'essayer de l'expliquer à quelqu'un qui ne l'a pas vécu. Il n'était pas formé d'une partie hongroise et d'une partie autrichienne qui se fussent, comme on eût pu le croire, complétées, mais bien d'une partie et d'un tout, c'est-à-dire d'un sentiment hongrois et d'un sentiment austro-hongrois, ce dernier ayant pour cadre l'Autriche, de telle sorte que le sentiment autrichien se trouvait à proprement parler sans patrie. L'Autrichien n'avait d'existence qu'en Hongrie, et encore comme objet d'aversion ; chez lui, il se nommait citoyen-des-royaumes-et-des-pays-de-la-monarchie-austro-hongroise-représentés-au-Conseil-de-l'Empire, ce qui équivalait à dire "un Autrichien plus un Hongrois moins ce même Hongrois" ; et il le faisait moins par enthousiasme que pour l'amour d'une idée qui lui déplaisait, puisqu'il ne pouvait souffrir les Hongrois plus que les Hongrois ne le souffraient, ce qui compliquait encore les choses. C'est pourquoi beaucoup d'entre eux se faisaient appeler Tchèques, Polonais, Slovènes ou Allemands ; ainsi commença la décadence et apparurent "ces désagréables problèmes de

---

[120] *Ibid.*
[121] *Ibid.*

politique intérieure", comme les appelait le comte Leinsdorf. »[122]

Le cas particulier de l'empire soviétique

Malgré une idéologie basée sur l'internationalisme ouvrier, l'empire soviétique ne s'est pas moins appuyé sur les nations et sur des logiques d'échanges asymétriques. En effet, il était aussi composé d'un centre et de périphéries appelées satellites, dans lesquelles il a développé un système de double dépendance : « *Les populations envers l'État-parti pour les ressources économiques et politiques, et l'État-parti national envers l'Union soviétique pour la même chose* »[123]. Ainsi, loin de déroger aux règles de fonctionnement des empires classiques, l'empire soviétique a maintenu l'organisation hiérarchique et bilatérale des périphéries. Sa grande différence a été l'implantation de frontières dures à l'extérieur de l'empire.

Minorités et frontières

Dès la fin de la Première Guerre mondiale et l'éclatement des empires, l'Europe centrale a commencé à connaître des mouvements de population : les nationalités ont commencé à se regrouper dans l'idée de bâtir des États-nations. Cependant jusqu'en 1931, les États d'Europe centrale étaient encore très multi-ethniques. La période de l'après-guerre a en revanche été l'occasion d'un véritable exode : 10 millions d'Allemands, 1,5 million de Polonais, 115 000 Tchèques, 315 000 Hongrois, 120 000 Ukrainiens… en tout, 15 millions de personnes ont été déplacées à l'intérieur de l'Europe, aboutissant à une homogénéisation ethnique des territoires européens (Judt, 2007).

De nombreux États comme la Pologne, avec une forte tradition multiculturelle, se sont retrouvés dans la seconde partie du XXe siècle subitement « mono-culturels » (aujourd'hui plus de 90 % des habitants de Pologne sont ethniquement

---

[122] Robert Musil, *L'Homme sans qualités*, Éditions du Seuil, Paris, 1956, p. 213.
[123] Valerie Bunce, *op. cit.*

polonais), du fait de la quasi totale élimination des Juifs d'Europe centrale et du déplacement de nombreuses minorités. Cependant dans certaines zones, et notamment les zones-frontière, des minorités très anciennement implantées sur des territoires qui ont une histoire souvent plus ancienne que les États auxquels ils ont successivement appartenu se sont maintenues. C'est le cas de la Galicie orientale : « *dans la partie occidentale de l'Ukraine, les minorités ethniques avaient conservé leur identité malgré des politiques d'assimilation linguistiques et culturelles très dures. Après 1991, l'assouplissement des conditions de circulation a permis à des familles longtemps séparées de reprendre contact* »[124].

Dans le recensement ukrainien de 2001, on dénombrait ainsi 144 130 personnes qui se déclaraient « ethniquement polonaises »[125], concentrées géographiquement dans la région de Lviv. En Pologne, le peuplement ukrainien « historique »[126] que l'on retrouvait le long de la frontière avec l'Ukraine avait fait l'objet d'un déplacement forcé de l'Est vers l'Ouest après la Seconde Guerre mondiale (l'*Akcja Wisła*) : en 1947, 140 000 Ukrainiens du sud-est de la Pologne sont déplacés à l'ouest dans les territoires nouvellement acquis sur l'Allemagne, après les affrontements qui avaient opposé l'UPA, l'armée insurrectionnelle ukrainienne, à l'armée polonaise à la fin de la Seconde Guerre mondiale.

La minorité ukrainienne, de 27 172 personnes déclarées aujourd'hui selon les chiffres officiels polonais, est donc beaucoup plus dispersée sur le territoire polonais que l'est la minorité polonaise en Ukraine. Cependant, dans les régions Warmińko-Mazurskie, de Poméranie de l'Ouest (issues du déplacement) et dans la région Podkarpackie, frontalière avec la Galicie ukrainienne, elle peut représenter localement 10 % de la population[127]. À cela, il faut ajouter le peuplement traditionnel de cette région par les Ruthènes, dont l'identité ethnique est

[124] Agnès Bon, « Ukraine – UE : regain d'intérêt réciproque ? », *Courrier des Pays de l'Est*, n° 1042, mars-avril 2004.
[125] Office ukrainien des statistiques.
[126] Par opposition aux migrations de travail, plus récentes.
[127] Ministère des Affaires intérieures et de l'Administration polonaise, http://www2.mswia.gov.pl

sujette à controverse mais qui constituent l'une des ethnies dont sont issus les Ukrainiens.

Les minorités nationales issues des pays frontaliers représentent un mode particulier d'articulation entre l'identité et le territoire, qui rappelle le système d'identités impérial. En effet, à un ancrage territorial dans le local, autour de la frontière, « *symbolisme basé à la fois sur la barrière et la jonction* »[128], se superpose une double allégeance politique : à l'État qui gouverne ce territoire d'une part, et à la nation-mère, c'est-à-dire l'État voisin, d'autre part.

Cette configuration très particulière attribue aux minorités frontalières un rôle politique qui peut parfois agir comme un deuxième centre dans une région périphérique, souvent mise à l'écart par le pouvoir central : « *La région frontalière actuelle entre la Pologne et l'Ukraine fut pendant une longue période une zone périphérique qui demeura non affectée par les tentatives centrales de nation – et la construction de l'État était marquée par la présence dominante d'identités hybrides* »[129]. Cela a été le cas de la ville de Lviv, qui après avoir été dans les années 1980 et 1990 le centre du mouvement nationaliste démocratique ukrainien « *Rukh* » opposé à Moscou, a subi la marginalisation : « *Lviv s'est retrouvée de plus en plus marginalisée dans un État hautement centralisé, dominé par les oligarques de l'*exnomenklatura *de Kiev, dont la mauvaise gestion économique et politique et la corruption ont trahi le "retour à l'Europe" que les Galiciens espéraient pour l'Ukraine* »[130]. La ville a ainsi beaucoup profité de sa proximité avec la Pologne pour compenser sa mise à l'écart par le pouvoir central ukrainien.

---

[128] Alain Tarrius, « Nouvelles circulations transnationales des migrants dans l'espace Schengen : la mise à l'épreuve des logiques intégratives et des frontières politiques », *Cahiers de la Sécurité Intérieure*, n° 52, 2e trimestre 2003.

[129] Peter Vermeersch, "A Minority at the Border: EU Enlargement and the Ukrainian Minority in Poland", *East European Politics and Society,* n° 21, 2007.

[130] Judy Batt, *The impact of EU Enlargement on Regions on the EU's New Eastern Border*, audition to GovernanceWG6, 20 mars 2001.

Le même phénomène s'observe dans les régions périphériques orientales vis-à-vis du voisin russe, à Donetsk, Lougansk ou Kharkov, par exemple. Dans ce sens, c'est bien la solidification de la frontière (à l'Ouest et à l'Est) qui constitue un vecteur des tensions, en privant les territoires frontaliers de la ressource capitale (aussi bien en termes économiques, politiques, que culturels) que constitue le voisin. Bien que l'attitude russe soit incontestablement peu ouverte à la négociation, il faut rappeler que c'est d'abord la frontière occidentale de l'Ukraine, autrefois très ouverte, qui a été « verrouillée » par l'Union européenne lors de l'élargissement de l'espace Schengen jusqu'à la Pologne. La séparation subite d'avec la Pologne subie par l'Ukraine a renforcé les demandes de rattachement à l'Ouest, afin de reconquérir ce droit de circulation et cette proximité perdue. Bien que la Pologne ait mis en place des politiques visant à faciliter la circulation des Ukrainiens à sa frontière, le passage est néanmoins bien moins aisé qu'il le fût de 1945 à 2007. Il semble donc capital de rappeler le rôle qu'a joué la fermeture de la frontière occidentale de l'Ukraine dans la constitution d'une partie des revendications qui, dix ans plus tard, ont abouti aux événements de 2013-2014[131].

L'impact du déplacement de la frontière orientale de l'Union européenne

L'ostpolitik de la Pologne vis-à-vis de l'Ukraine

L'*ostpolitik* de la Pologne vis-à-vis de l'Ukraine se construit avant tout en contrepoint à la politique d'influence de la Russie et contre elle. La Pologne prend systématiquement le parti de l'Ukraine dans les conflits qui l'opposent avec la Russie et abrite un dense réseau d'organisations non gouvernementales ainsi que d'importants *think tanks* qui travaillent en relation avec l'Ukraine ou sur des questions la concernant.

---

[131] Une partie seulement : celle liée aux revendications de rattachement à l'Union européenne et à l'OTAN. Les revendications de démocratisation de la vie publique et la dénonciation de la corruption sont une tout autre problématique.

Dès 1995, deux ans avant la reconnaissance formelle de l'indépendance ukrainienne par la Russie, le président polonais de l'époque Aleksander Kwasniewski déclarait que « *C'est de la responsabilité de la Pologne que de renforcer la souveraineté, l'indépendance et le développement économique de l'Ukraine* »[132]. En 1996, il lance un premier programme de coopération avec l'Ukraine, le « partenariat stratégique ». À l'inverse, Moscou est très méfiante vis-à-vis de la Pologne et regarde avec suspicion toutes ses initiatives, qui rentrent en concurrence directe avec sa propre politique d'influence.

La Pologne s'est donc positionnée en avocate de l'Ukraine auprès de l'Union européenne dès son adhésion à celle-ci. L'adhésion de l'Ukraine lui est chère pour les raisons exposées ci-dessus (attachement historique à des terres communes, arrachement de l'Ukraine à la domination russe), mais aussi pour des raisons qui relèvent davantage de la *real-politik.* En effet, la Pologne souhaite retrouver une place d'influence au sein du concert des nations européennes, perdue depuis la Seconde Guerre mondiale, et se positionner comme intermédiaire entre l'Union européenne et son Est lui permettrait de retrouver cette importance.

En outre, la Pologne souffre toujours de ce qu'Aleksander Smolar appelle le « syndrome de Rapallo », du nom d'un traité entre l'Allemagne et l'URSS en 1922, un an après la guerre entre la Pologne et l'URSS, et qui symbolise la peur de voir la Russie s'allier à l'Ouest au détriment de l'Europe centrale. En affirmant son rôle de médiateur entre l'Est et l'Ouest, la Pologne souhaite à tout prix éviter que ce scénario ne se reproduise aujourd'hui entre la Russie et l'Union européenne.

Dès l'adhésion à l'Union européenne, la Pologne, par la voix de son ministre des Affaires étrangères Włodzimierz Cimoszewicz, a affirmé son intention d'agir en faveur de l'adhésion de ses voisins de l'Est et en particulier de l'Ukraine, en lançant officiellement en 2003 à Varsovie les grandes lignes de sa politique en faveur de la « dimension Est de l'Union

---

[132] Katarzyna Wolczuk, "Poland's Relations with Ukraine in the Context of EU Enlargement", Briefing
Note 4/10, avril 2001, University of Birmingham.

européenne ». Le document affirme que « *l'Europe ne se termine pas à la frontière orientale de l'Union européenne, et ce n'est pas davantage après l'élargissement. La Russie, l'Ukraine, la Biélorussie et la Moldavie sont profondément enracinées en Europe* »[133].

Ce constat est repris par le ministre des Affaires étrangères qui succède à Cimoszewicz sous le gouvernement Tusk, Radosław Sikorski, qui le premier a établi la distinction entre « voisins européens » et « voisins de l'Europe ». Le 7 mai 2008, il présente la politique étrangère de la Pologne devant la Diète en ces termes : « *La Pologne sera un pays européen normal quand elle aura des voisins européens normaux des deux côtés de ses frontières.* », ajoutant ensuite que « *l'intégration de l'Ukraine dans l'Union européenne confirmera la force du modèle de civilisation européen* »[134]. Enfin, il réitère l'opinion selon laquelle la politique étrangère de l'Union européenne vis-à-vis de l'Est doit rester une « spécialité polonaise » incluant cependant un travail de coopération avec tous les pays d'Europe centrale.

Quelques jours après cette déclaration, Radosław Sikorski a présenté à l'Union européenne, avec la Suède, le projet de « Partenariat à l'Est », un dispositif visant à inclure dans le cadre européen les objectifs de la diplomatie polonaise vis-à-vis de son Est. S'il n'est pas fait référence à un élargissement – décision qui n'est pas du ressort de la Pologne –, le projet contient néanmoins une perspective de suppression de l'obligation de visa, et tout un ensemble de soutien aux réformes institutionnelles (y compris au niveau de la gestion des frontières) beaucoup plus ambitieux que la Politique européenne de Voisinage et plus proche d'une politique de pré-adhésion. Le but semble donc être de rendre l'Ukraine si *européanisée* qu'il ne sera plus possible pour l'Union de refuser de la rendre *européanisable*.

Cependant, l'Union européenne ne semble pas souhaiter considérer l'option d'un élargissement à l'Ukraine, ce qui

---

133 Wlodzimierz Cimoszewicz, "The Eastern Dimension of the EU. The Polish View.", Varsovie, 20 janvier 2003.

134 *The Warsaw Voice*, 14 mai 2008.

impliquerait *in fine* de partager une frontière commune avec la Russie, frontière dont elle sait qu'elle est potentiellement conflictuelle. L'Ukraine semble alors être davantage considérée par l'Union européenne comme une salutaire « zone tampon », un « cordon sanitaire » entre l'Europe et la Russie. Les grandes puissances de l'Union n'ont en effet aucun intérêt à sacrifier l'entente cordiale (bien que récemment fortement dégradée) avec la Russie pour l'Ukraine.

Bien que cet argument ait été utilisé jusqu'en 2012 pour justifier le refus d'une candidature ukrainienne à l'Union européenne, nous pouvons douter du fait que la situation politique, institutionnelle et économique de l'Ukraine soit l'unique raison du blocage des négociations d'adhésion, puisque « *quand en juin 1993, l'UE a formellement étendu la perspective d'adhésion à la Roumanie (ainsi qu'à neuf autres pays centre-européens), ce pays était considéré comme moins démocratique que la Biélorussie, la Russie ou l'Ukraine à qui l'on n'a jamais étendu une telle invitation* »[135]. Dans le cas où l'Ukraine finirait par subir une réelle partition entre l'Est et l'Ouest, la situation serait susceptible d'évoluer. Mais il est plus probable que le conflit avec la Russie aboutisse à un compromis avec Kiev sur les territoires orientaux. Dans ce cas, une adhésion à l'Union européenne semble improbable dans le court terme car elle placerait cette dernière en affrontement direct avec la Russie au sujet de la frontière orientale.

Européanisation et résistances à la frontière

L'*ostpolitik* de la Pologne vis-à-vis de l'Ukraine passe également par un objectif de dévaluation de sa frontière Est, constamment réclamée par les deux pays auprès de l'Union européenne mais toujours refusée au motif de l'impératif premier de sécurité de la frontière commune. Outre les liens historiques qui rattachent les deux pays et les minorités présentes sur les deux flancs de la frontière, cette politique est justifiée à la fois par une logique de réconciliation avec

[135] L.A. Way & S. Levintsky, "Linkage, Leverage and the Post-Communist Divide", *East European Politics and Societies*, n° 21, 2007.

l'Ukraine et comme outil nécessaire à la mise en place d'une coopération renforcée avec celle-ci : « *Dès 1992, la Pologne a engagé une politique d'accords frontaliers avec l'Ukraine et la Biélorussie : démontage des systèmes d'alarme électronique perturbés par la faune des forêts frontalières sur la limite avec la Biélorussie, enlèvement des fils barbelés et leur remplacement par une bande de sable ratissé* »[136].

Mais c'est aussi pour des raisons économiques que la Pologne a tenu à faire perdurer l'ouverture de la frontière, profitant d'une importante migration de travail en provenance de ce pays. Au moment de l'intégration dans l'espace Schengen, la Pologne a donc cherché à réduire au maximum la charge qui allait peser sur l'Ukraine. Elle a tout d'abord repoussé l'introduction du visa jusqu'au dernier moment (fin 2003). En effet, l'introduction du régime de visa en République tchèque et en Slovaquie en 2001 avait entraîné une division par dix en République tchèque et une chute de 75 % en Slovaquie du nombre d'entrées d'Ukrainiens[137].

Ensuite, au moment de l'introduction du visa en Pologne en 2003, les conditions d'attribution furent limitées au strict minimum, gratuitement, et avec des procédures plus simples et un délai d'attente plus court qu'aujourd'hui. Enfin, Anyta Szymborska relève que « *le taux de refus était beaucoup plus bas que dans le cas des États de Schengen* »[138]. Ainsi la Pologne délivra en 2004 600 000 visas pour l'Ukraine, ce qui permit de ralentir considérablement la chute de la circulation des personnes.

Cependant, au moment de l'élargissement de l'espace Schengen en décembre 2007, les possibilités pour la Pologne de composer avec le droit européen se sont réduites à peu de choses. Avec les instructions consulaires communes, les possibilités d'être moins regardants sur les conditions d'attribution des visas ont disparu. Seule la gratuité du visa a pu être maintenue au moyen d'accords bilatéraux avec l'Ukraine. En revanche, le reste des

---

136 Michel Foucher, *L'obsession des frontières,* éditions Perrin, Paris, 2007, p. 137.

137 Gilles Lepesant, *L'Ukraine dans la nouvelle Europe*, Éditions du Félin, Paris, 2007, p. 32.

138 Anyta Szymborska, « Conséquences de l'élargissement de l'espace Schengen », *Eurotopics*, 11 janvier 2008.

accords de facilitation de visas, signés cette fois avec l'Union européenne et non avec la Pologne, ne concerne désormais que certaines catégories précises de voyageurs, considérés « sans risques » (professeurs, personnels hauts gradés, etc.). À partir de 2013, elle a également inclus les étudiants, journalistes et membres des ONG. Cependant, la perspective de la mise en place d'une suspension de visa pour les courts séjours, déjà accordée depuis 2012 à la République de Macédoine, la Serbie et le Monténégro, a été promise aux Ukrainiens dès 2009. Mais l'évolution de la politique des visas concernant ce pays semble être allée plutôt dans le sens d'un durcissement des conditions d'obtention, puisqu'à partir de 2015, les Ukrainiens devront obligatoirement déposer leurs empreintes digitales pour obtenir un visa Schengen. Le conflit avec la Russie fait craindre à l'Union européenne la possibilité d'un afflux de réfugiés, et dans un contexte international tendu, la frontière commune est plus que jamais l'objet de politiques sécuritaires.

Enfin, en ce qui concerne les accords de facilitation du petit trafic de frontière, s'ils peuvent être signés de manière bilatérale, ils doivent néanmoins rentrer dans les cadres définis par l'Union européenne, ce qui ne laisse quasiment pas de marge de manœuvre aux gouvernements nationaux. La Pologne a toutefois mis en place un système spécial de carte nationale à l'intention de la minorité polonaise résidant dans les républiques de l'Est et du Caucase, y compris l'Ukraine. La « Karta Polaka » permet ainsi aux résidents ukrainiens ou de tout autre État de l'ex-URSS pouvant prouver leur appartenance « ethnique » à la nation polonaise de circuler plus facilement entre les deux pays. Il ne s'agit pas de l'octroi de la nationalité polonaise, mais d'une carte permettant d'obtenir des visas longue durée gratuitement ainsi qu'ouvrant des droits en Pologne, notamment de s'installer et de travailler légalement et sans formalités. Ce genre de pratiques est assez répandu en Europe centrale et lié à la tradition historique des minorités nationales se situant au-delà des frontières nationales : « *Chacun des pays a mis en place des portes d'entrée migratoires spécifiques vers la terre-mère historique, qui dans une certaine mesure s'apparente à la politique allemande de l'*Aussiedler. »[139]

---

[139] Claire Wallace et Dariusz Stola, *Patterns of Migration in Central Europe*,

Conclusion

À partir de l'exemple de la frontière entre la Pologne et l'Ukraine, nous avons pu montrer à quel point l'histoire façonne les frontières et que celles-ci constituent, pour rappeler les mots de Foucher cités en introduction, « du temps inscrit dans l'espace ». Successivement, les empires, mais aussi les nations ainsi que les minorités ont contribué à redéfinir la frontière entre Pologne et Ukraine. Chaque frontière internationale non disputée constitue ainsi une sorte de consensus suffisamment flou pour ne pas être contesté par le voisin. Ainsi, la Galicie, bien que très violemment prise à partie à la fois par la Pologne et par l'Ukraine comme partie prenante du « berceau national » exclusif de l'une ou l'autre des deux nations, a pu faire l'objet d'un tel consensus aussi longtemps que la frontière entre les deux pays est demeurée poreuse. L'européanisation de cette frontière, paradoxalement, a fait apparaître un « manque d'Europe » à l'est de celle-ci, qui s'est alors retrouvée face à une barrière là où se trouvait un continuum, une jonction. La fermeture de la frontière occidentale a alors ravivé les tensions autour d'une question (la frontière entre Est et Ouest) qui ne semblait plus avoir *lieu* d'être dans cette partie de l'Europe depuis 1991. Si les tensions entre Est et Ouest existent depuis très longtemps dans le pays, les frontières terrestres entre l'Ukraine et ses voisins n'en étaient toutefois pas *l'enjeu,* tant que la possibilité non seulement d'aller et de venir mais aussi d'avoir des allégeances multiples pouvait jouer un rôle de « soupape » vis-à-vis des conflits portant sur la politique intérieure. Ainsi, à travers l'exemple de l'Ukraine, mais que l'on pourrait sans doute à profit comparer à celui de la Turquie et de la frontière turco-bulgare, s'illustre l'impact de la construction d'une frontière commune sur les pays qui s'en trouvent écartés et les nouveaux enjeux géopolitiques qui en découlent.

Palgrave Publishers, Londres, 2001, p. 23.

Les Frontières fermées entre la Turquie et l'Arménie : L'analyse de la Décision turque

Nushaba BAGHIROVA

Les frontières, à la fois physiques et symboliques, sont chargées d'histoire. Elles constituent une ligne de séparation ou d'échange entre *le Soi* et *l'Autre*. L'analyse de celles-ci peut en effet révéler le caractère des relations interétatiques. À cet égard, l'étude des frontières entre la Turquie et le Caucase indépendant, auparavant soviétique, est très importante.

Les changements ayant eu lieu à la suite de la dissolution de l'URSS n'ont pas seulement transformé les pays du Caucase du Sud, mais ont également affecté ses pays voisins et plus particulièrement la Turquie. L'État turc partage désormais une frontière non plus avec un, mais avec trois pays indépendants, à savoir l'Arménie, l'Azerbaïdjan et la Géorgie[140]. D'ailleurs, la Turquie est le seul État partageant une frontière commune avec les trois pays de la région[141]. Cette situation géographique accorde en effet à Ankara une position privilégiée vis-à-vis de la région du Caucase méridional. La ligne frontalière que la Turquie partage avec cette région est de 622 km de longueur

[140] Voir la carte du Caucase du Sud, Annexe N° 1.

[141] Par exemple, la Russie possède des frontières communes qu'avec l'Azerbaïdjan et la Géorgie ; quant à l'Iran, il est limitrophe de l'Azerbaïdjan et de l'Arménie.

dont la plus longue est celle avec l'Arménie (328 km)[142]. Néanmoins l'Arménie est également le pays de la région avec lequel les relations demeurent le plus problématiques.

La Turquie et l'Arménie : l'absence de relations diplomatiques

Même si la Turquie a été un des premiers à reconnaître l'indépendance d'Erevan[143] et à commencer les négociations diplomatiques avec l'État arménien, les rapports bilatéraux sont assez tendus depuis des années. L'anomalie de ces relations se manifeste par deux éléments importants : l'absence de relations diplomatiques et la fermeture des frontières communes.

Les premiers contacts de la Turquie avec l'Arménie ont commencé assez tôt, avant même la déclaration d'indépendance de cette dernière. Par exemple, la visite semi-officielle de Volkan Voural, l'ambassadeur turc à Moscou en 1990 avant même la dissolution de l'URSS, a permis d'initier des négociations entre ces deux pays.

Lors des contacts suivants de ce même diplomate avec Ter-Petrossian, le premier président de la République d'Arménie, le dialogue a été entamé pour discuter, entre autres, de l'ouverture d'une ligne de chemin de fer et d'un vol direct entre les deux pays. Un des points importants de ces visites diplomatiques était l'élaboration du premier jet de l'accord de bon voisinage entre ces deux pays.

Aussitôt le chemin de fer entre la ville turque Kars et la ville arménienne Gumri a été remis en fonction. Ankara a également invité ce pays à participer à la Coopération économique de la mer Noire. Cette organisation, créée en juin 1992 à l'initiative turque, comprenait non seulement les pays limitrophes de la

---

[142] La frontière avec la Géorgie et l'Azerbaïdjan (Nakhitchevan) remonte respectivement à 276 km et 18 km, à voir : *Toprak su kaynaklari (Ressources de terre et de l'eau de la Turquie)*, http://www.dsi.gov.tr/toprak-ve-su-kaynaklari, page consultée le 20.11.2014.

[143] La Turquie a reconnu l'indépendance de l'Arménie en décembre 1991. Voir le site du ministre des Affaires étrangères de l'Arménie : Ministry of Foreign Affaires of the Republic of Armenia, Bilateral relations, Turkey, http://www.mfa.am/en/country-by-country/tr/, page consultée le 03.2014.

mer Noire, mais également ceux d'autres régions, comme l'Azerbaïdjan ou la Grèce.

Toutefois, l'établissement de relations diplomatiques tardait à cause de différents éléments dont deux demeurent très importants : la question arménienne (ainsi que les activités de la diaspora arménienne et de l'État arménien à l'égard de cette question) et les inquiétudes turques au sujet des frontières communes.

Ces deux questions constituaient un obstacle à la construction de relations harmonieuses entre ces deux pays voisins.

La question arménienne

Aujourd'hui le terme de « Question arménienne » s'emploie généralement pour se référer aux massacres des Arméniens dans l'Empire ottoman au début du XXe siècle. Les Arméniens qualifient ces événements de génocide et demandent à la Turquie de le reconnaître.

Donc, un des points importants que la politique étrangère turque n'arrive pas à « digérer » sont les activités de la diaspora arménienne au centre desquelles se trouve la volonté politique de faire reconnaître le génocide, partout dans le monde et plus particulièrement dans le monde occidental. À cause de ces activités, la Turquie, partenaire des États-Unis et pays candidat à l'entrée dans l'Union européenne, subit de fortes pressions, notamment de la part de ces derniers.

Soucieuse de son image de marque sur la scène internationale, Ankara considère cette politique arménienne comme étant injuste. Selon elle, les événements de 1915 ne pourront pas en effet être qualifiés de génocide. Même si le contenu du discours officiel turc, au fil des années a connu des changements considérables, sa ligne principale se base sur des éléments tels que la tragédie des Arméniens n'a pas été commise à l'initiative de *l'appareil d'État* ou que les Arméniens, eux aussi, dans cette période avaient massacré les Turcs.

Dans ce contexte, la Turquie était mécontente lorsqu'Erevan et la diaspora arménienne considéraient les événements de 1915 comme un génocide, allant même jusqu'à demander que l'État turc assume la responsabilité de ces massacres. Cette nuance a été également insérée dans l'article 11 de la *Déclaration d'indépendance* de 1990 : « La République d'Arménie soutient la cause de la reconnaissance internationale du génocide des Arméniens de 1915 en Arménie occidentale et en Turquie ottomane ».

Question des frontières

Une autre raison principale des inquiétudes turques à l'égard de l'Arménie et même probablement la plus importante était la question des frontières entre ces deux États. Ces frontières ayant changé plusieurs fois durant l'histoire, avaient été finalement définies en 1921 par les traités de *Moscou* signé entre la Turquie et l'Union soviétique et celui du *Kars* signé entre la Turquie et les trois pays sud-caucasiens.

En effet, la référence dans la Déclaration d'indépendance arménienne aux territoires de l'Anatolie de l'Ouest comme une *Arménie occidentale* a été l'origine des inquiétudes turques à ce sujet. Aujourd'hui cette référence demeure comme un message ayant une portée plus symbolique que revendicatrice. En revanche, à cette époque, au début des années 1990 et plus particulièrement dans le contexte de revendications arméniennes envers la région du Haut-Karabagh située en Azerbaïdjan, pour les Turcs, cette même référence impliquait une grande ambiguïté. Cette ambiguïté aurait pu être résolue sans grand effort par la voie diplomatique. Néanmoins, selon Erevan, l'adhésion de l'Arménie à l'OSCE en 1992 prouve bien qu'elle respecte le principe de l'intangibilité des frontières et qu'elle n'a aucune revendication territoriale envers la Turquie. Donc les diplomates de la nouvelle République d'Arménie refusent de s'exprimer clairement sur la reconnaissance des frontières communes avec leur voisin, laissant ainsi la question ouverte. La réticence de la diplomatie arménienne de confirmer le traité de Kars par l'accord bilatéral préparé en 1992-1993 en est en effet un bon exemple.

Par conséquent, Ankara ne se hâtait pas pour instaurer des représentations diplomatiques permanentes avec Erevan avant que ce dernier ne s'exprime clairement sur les frontières communes et ne se retire de la politique de reconnaissance du génocide. Alors même que des négociations à haut niveau s'effectuaient régulièrement afin de résoudre les points de divergence entre les deux parties, les relations bilatérales se sont à nouveau prises au piège par l'aggravation du conflit arméno-azerbaïdjanais.

L'influence du conflit du Haut-Karabagh

Les relations turco-arméniennes, déjà assez compliquées, ont empiré avec le conflit du Haut-Karabagh. Même si au début du conflit, Ankara s'efforçait de conserver une attitude neutre, pour diverses raisons, cette neutralité n'a pas duré très longtemps. Pour comprendre la position turque à l'égard de ce conflit arméno-azerbaïdjanais, il est essentiel de saisir au préalable les points importants de l'histoire de celui-ci.

Le conflit du Haut-Karabagh : aperçu historique

Le Haut-Karabagh, une région en Azerbaïdjan majoritairement peuplée par les Arméniens avait un statut d'oblast autonome depuis le 7 juillet 1923, à la suite de la décision soviétique de le garder au sein de cette République soviétique. Les Arméniens la contestaient, y voyant l'œuvre des Turcs, dans un contexte de rapprochement russo-turc après la Première Guerre mondiale.

En février 1988, dans le contexte des réformes de l'Union soviétique (« Glasnost » et « Perestroïka ») lancées par Mikhaïl Gorbatchev, Secrétaire général du Parti communiste de l'Union soviétique, les dirigeants du Soviet régional du Haut-Karabagh ont décidé de faire une demande pour le rattachement de cette région à la République soviétique d'Arménie. Moscou a rejeté cette demande préférant ne pas changer les frontières actuelles. Il convient de noter que la politique soviétique de l'époque se révélant très peu efficace, aggravait encore un peu plus les relations interethniques.

Les violences au Haut-Karabagh entre les Arméniens et les Azerbaïdjanais avaient déjà commencé au début de l'année 1988. « Le premier affrontement direct se produit à Stepanakert

(Khankendi) dans le Haut-Karabagh, le 12 février 1988, et les premiers réfugiés azerbaïdjanais dont le nombre s'élève à près de quatre mille se voient obligés de quitter l'Arménie ». En fait, les affrontements ethniques ont engendré une crise majeure entre les deux républiques soviétiques. Les Azerbaïdjanais en Arménie et les Arméniens en Azerbaïdjan ont été obligés de fuir leurs pays respectifs.

En réponse à la proclamation de l'indépendance du Haut-Karabagh du 2 septembre 1991, deux mois plus tard, Bakou supprime le statut d'autonomie de cette région. Il est également à noter que la République autoproclamée du Haut-Karabagh n'est reconnue par aucun pays, même pas par l'Arménie.

Après l'obtention de l'indépendance de l'Arménie et l'Azerbaïdjan en 1991, la dispute territoriale prend la dimension d'un conflit international. Les années 1992-1994 sont une période de conflit armé. Pendant cette période, les forces arméniennes ont réussi à occuper non seulement le Haut-Karabagh, mais aussi les sept régions autour de celui-ci qui étaient majoritairement peuplées par les Azerbaïdjanais. Ces régions continuent de nos jours à rester sous le contrôle arménien. Alors cette donnée a changé considérablement la nature du conflit : les Arméniens sont passés d'un combat pour le Haut-Karabagh, territoire qu'ils considéraient comme leur terre historique où la population était majoritairement arménienne à cette époque, à une occupation des territoires de son voisin. Pour Bakou, il s'agit sans doute d'une agression contre ses territoires (historiques aussi) et sa population, tandis que les Arméniens considèrent cette occupation (sur le plan stratégique) comme l'obtention d'un corridor vers l'Arménie et d'une zone-tampon pour la sécurité ou bien (sur le plan diplomatique) comme un garant et un levier pendant les négociations pour le Haut-Karabagh.

Après de nombreuses tentatives pour arriver à un accord, le traité de cessez-le-feu a été signé entre l'Arménie, l'Azerbaïdjan et le Haut-Karabagh en mai 1994 avec la médiation russe. Aujourd'hui le conflit est considéré comme un conflit gelé, car malgré le processus de résolution de celui-ci par le *Groupe de Minsk* créé au sein du *CSCE* (l'OSCE actuelle) en 1992, le conflit reste irrésolu.

La position turque à l'égard du conflit

Lorsque le conflit arméno-azerbaïdjanais s'est déclenché en 1988, la Turquie l'a considéré comme une affaire interne de l'Union soviétique. Mais à partir du moment où les deux parties du conflit sont devenues indépendantes, Ankara, qui n'était pas tout à fait prête à ces changements, s'est cependant sentie obligée de définir sa position sur cette dispute territoriale.

Dès le début, l'attitude turque à l'égard de ce conflit a été principalement définie par rapport à sa perception des deux parties – l'Arménie et l'Azerbaïdjan. Il était évident que les Turcs éprouvaient une sympathie pour leurs « cousins » azerbaïdjanais. Toutefois Ankara essayait de garder sa neutralité, une tâche compliquée compte tenu de l'opinion publique plus favorable à l'Azerbaïdjan.

En fait, la Turquie était soucieuse de ne pas donner au conflit entre l'Arménie et l'Azerbaïdjan la dimension d'un conflit musulman-chrétien ou bien celle d'une hostilité turco-arménienne. Par ailleurs, la politique arménienne de la Turquie n'était pas encore bien définie, donc en attendant, elle essayait de rester neutre envers ce conflit.

Sous la pression occidentale, l'État turc permet le transport vers l'Arménie de l'aide humanitaire par son territoire. Malgré le mécontentement des Azerbaïdjanais, en novembre 1992, elle est d'accord pour fournir l'électricité (200 millions de kilowatts/heure) à l'Arménie qui en était privée en pleine période hivernale. Mais au final, Ankara cède aux pressions de Bakou et dénonce cet accord.

Le point du changement important de la politique turque à l'égard du conflit du Haut-Karabagh est la tragédie de Khodjali commise par les Arméniens dans la nuit du 25 au 26 février 1992, considérée comme une des pages les plus noires du conflit arméno-azerbaïdjanais. En conséquence de cette nuit des massacres : «… 613 personnes incluant les enfants (63), les femmes (106), les vieux et les malades, ont été massacrées, 487 autres gravement mutilées, 1 275 personnes âgées, femmes et enfants ont été pris en otage et faits l'objet de torture, de viols, de traitements inhumains et dégradants et 150 personnes ont disparu. »

Les nouvelles de ces massacres de Khodjali ont bouleversé toute la Turquie où ont été organisées de nombreuses manifestations qui appelaient Ankara à défendre leurs « frères » azerbaïdjanais contre l'agression arménienne. Par ailleurs, le sujet restait d'actualité dans les discussions parlementaires du pays. Le gouvernement turc faisait alors face à une forte pression pour s'impliquer plus activement dans le conflit. Pour certains, la Turquie devrait même intervenir militairement comme elle l'a fait à Chypre.

Les offensives arméniennes au Nakhitchevan en mai 1992 et la position turque très ferme à ce sujet ont également engendré une crise entre Ankara et Erevan. Il convient de noter que cette enclave qui constitue la seule frontière entre la Turquie et l'Azerbaïdjan lui confère une importance géopolitique majeure. Donc, Ankara réagit vite à cette avancée arménienne qui concerne directement sa frontière. Les discussions à propos de l'intervention turque dans ce conflit ont été même justifiées par les conditions du traité de Kars de 1921, selon lesquelles, la Turquie se présente comme un pays garant de Nakhitchevan.

Pourquoi au final la Turquie n'a-t-elle pas voulu intervenir militairement dans le conflit ? Il est possible de l'expliquer par différentes raisons.

Tout d'abord, le facteur russe était très important. La Russie a fait comprendre que si la Turquie intervient militairement, cela pourra engendrer une Troisième Guerre mondiale, autrement dit la Russie y interviendrait elle aussi. D'ailleurs, Ankara tenait beaucoup aux liens économiques qu'elle entretenait avec Moscou.

Deuxièmement, l'OTAN dont la Turquie est membre ne serait pas contente de cette aventure turque. Il ne faut pas non plus négliger la possible réaction européenne qui aurait influencé très négativement sur la candidature de la Turquie.

Cette intervention aurait pu également s'opposer à la politique turque habituelle qui privilégie de garder le statu quo sur les aventures à l'extérieur. De plus, comme on l'a déjà indiqué, l'État turc ne voulait pas que le conflit prenne la dimension d'un antagonisme musulmans/chrétiens. D'ailleurs, l'Azerbaïdjan non plus, n'avait pas officiellement demandé à Ankara d'entrer en guerre.

En définitive, malgré la forte pression de l'opinion publique, la Turquie n'intervient pas militairement dans ce conflit, en revanche, elle réfléchit aux autres possibilités de soutenir la cause azerbaïdjanaise.

La fermeture des frontières communes

Dans le contexte de l'occupation arménienne des régions azerbaïdjanaises situées autour du Haut-Karabagh, la Turquie décide de soutenir l'Azerbaïdjan par d'autres moyens que militaires. En effet, le soutien militaire se limitait essentiellement à l'entraînement des militaires azerbaïdjanais. Mais selon certaines sources – essentiellement arméniennes –, il s'agissait d'un soutien militaire turc beaucoup plus important.

Par conséquent, une des décisions les plus importantes d'Ankara à l'égard de l'Arménie a été prise en 1993 par la fermeture des frontières communes.

La décision d'Ankara

La frontière turco-arménienne étant la plus étendue, par rapport à celles que la Turquie a avec l'Azerbaïdjan et la Géorgie, a 326 kilomètres de long. La Turquie possède deux postes-frontière avec l'Arménie : *Dogu Kapi* (Akyaka près de la ville Kars) et *Alican* (ville Igdir). En fait, « l'ouverture de Dogu Kapi, premier poste-frontière entre la Turquie et l'URSS, remonte à 1927. »

À la suite de l'occupation de Kelbedjar, Ankara prend la décision de ne plus livrer de blé à l'Arménie et de ne plus permettre de transiter par son territoire pour l'aide destinée à ce pays. Il convient de noter que les Arméniens ont vu la décision turque de fermer le poste-frontière de Dogu Kapi et de ne pas ouvrir celui d'Alican Kapi/Makara comme un embargo économique, continuité de celui mis en place auparavant par Bakou.

Donc, la Turquie, mécontente de la politique arménienne au sujet du « génocide » et de la non-reconnaissance officielle des frontières turques a décidé de fermer sa frontière avec ce pays en signe de solidarité avec l'Azerbaïdjan. À partir de cette période, la frontière turco-arménienne reste fermée.

Ankara impose trois conditions à l'Arménie pour rétablir des relations diplomatiques et rouvrir la frontière. Tout d'abord, les frontières actuelles entre ces deux pays doivent être reconnues officiellement par cette dernière. La deuxième condition concerne la question arménienne : la Turquie demande à Erevan de cesser ses allégations au sujet du génocide dans les forums internationaux.. Enfin, Ankara exige la résolution du conflit du Haut-Karabagh par le principe de l'intégrité territoriale de l'Azerbaïdjan.

Bien évidemment la fermeture des frontières non seulement affaiblit l'échange des flux, la mobilité et le commerce transfrontalier entre ces deux pays, mais a également un impact psychologique considérable. Les échanges entre les Arméniens et les Turcs, qui sont extrêmement importants pour l'établissement d'un climat de confiance, n'ont pas eu la possibilité de se développer. Par ailleurs, cette situation complique davantage la situation économique en Arménie.

Selon les spécialistes, même si l'Arménie est la partie perdante dans cette situation, la fermeture des frontières n'est pas non plus très bénéfique pour la Turquie. Les régions transfrontalières, en l'occurrence celle de Kars ayant souffert considérablement de ce blocage, espèrent l'ouverture des frontières et la revitalisation du commerce.

Néanmoins, pour Ankara le coût économique paraît négligeable notamment par rapport aux gains politiques : gagner l'Arménie en prenant le risque de perdre l'Azerbaïdjan semble être irraisonnable. Une phrase de l'ex-président turc, Demirel, résume bien cette opinion : « La Turquie ne pouvait pas prendre le risque de mécontenter ses frères azéris pour permettre à quelques personnes de gagner deux ou trois sous ». Cette phrase, comme d'ailleurs l'attitude turque générale à l'égard de cette question, est très critiquée dans les villes transfrontalières et beaucoup plus particulièrement à Kars.

Frontières fermées : un message symbolique ?

Aujourd'hui l'analyse de la fermeture des frontières avec l'Arménie est susceptible de révéler différentes nuances à l'égard de cette décision turque. Sans négliger les conséquences réelles de la fermeture des frontières, nous voudrons notamment en indiquer une portée *symbolique* de la décision : car malgré la fermeture des frontières, il existe en effet un vol direct et un commerce frontalier entre deux pays.

En effet, après la signature du cessez-le-feu sur le conflit du Haut-Karabagh, Ankara, avec les efforts diplomatiques de Washington, a rouvert la voie aérienne à l'Arménie en 1994. Après l'ouverture du corridor aérien entre les deux pays, un vol direct entre Istanbul et Erevan, assuré par *Armenian Airlines* a été mis en place. À la différence du vol entre Erevan et Istanbul qui fonctionne toujours, celui entre Erevan et Trabzon ouvert les premières années a cessé. Il existait également une initiative, non réalisée, d'établir une liaison aérienne entre l'Arménie et Van, une ville turque possédant une importance historique majeure pour les Arméniens et où d'ailleurs se trouve l'église arménienne Akdamar récemment rénovée et réouverte par Ankara.

Comme on l'a indiqué, un autre point important qui montre bien le caractère symbolique de la décision turque est l'existence d'un commerce frontalier entre ces deux pays. Il est vrai que le commerce n'a pas été officiellement interdit. Les experts des relations turco-arméniennes Burcu Gultekin et Nicolas Tavitian l'expliquent :

« La fermeture de la frontière ne constitue ni un blocus, ni un embargo *stricto sensu.* En effet, le terme de blocus s'applique en principe à l'action d'interdire à un pays de communiquer par voie maritime. Un embargo est une politique visant à interdire le commerce vers un pays donné. Or, la politique turque consiste essentiellement à maintenir la frontière fermée, ce qui, en pratique, rend le commerce entre les deux pays très difficile, même s'il n'est pas formellement interdit. »

Par conséquent, même si la frontière entre la Turquie et l'Arménie est fermée, les échanges commerciaux, considérés comme illégaux, existent bien. Néanmoins ce commerce, au lieu de transiter via la région Kars-Ardahan-Igdir, s'effectue essentiellement par la Géorgie ainsi que par l'Iran. Quant aux enregistrements officiels, c'est le pays par lequel transitent les produits (la Géorgie ou l'Iran) qui est indiqué comme le pays destinataire de ces produits exportés.

Quant au volume du commerce réalisé, il est pratiquement impossible d'en obtenir un chiffrage exact en raison de son caractère illégal. Toutefois, le volume de l'import arménien de la Turquie est estimé par les experts à 250 millions de dollars, tandis que celui du commerce potentiel entre ces deux pays est estimé à 280 millions de dollars.

Conclusion

La décision d'Ankara de fermer sa frontière commune avec l'Arménie pourrait être expliquée par plusieurs raisons. Les relations bilatérales étant déjà suffisamment compliquées notamment en raison de l'héritage historique, se sont encore davantage aggravées avec le conflit arméno-azerbaïdjanais. C'est surtout la volonté de défendre son « frère » azéri qui décide Ankara à cesser tout échange avec Erevan. La fermeture des frontières, encore à l'heure actuelle, affaiblit non seulement l'échange des flux et le commerce transfrontalier entre ces deux pays, mais a également un impact psychologique certain sur la population.

Cette fermeture est critiquée à la fois à l'extérieur de la Turquie, en l'occurrence par l'Arménie, les États-Unis et l'Europe, et à l'intérieur de celle-ci notamment dans les régions frontalières telles que Kars ou Ardahan. En fait, la fermeture des frontières est généralement perçue comme le refus d'établir des contacts avec les Arméniens et même comme une volonté de nier son histoire commune avec ces derniers.

Annexe 1 : La carte du Caucase du Sud

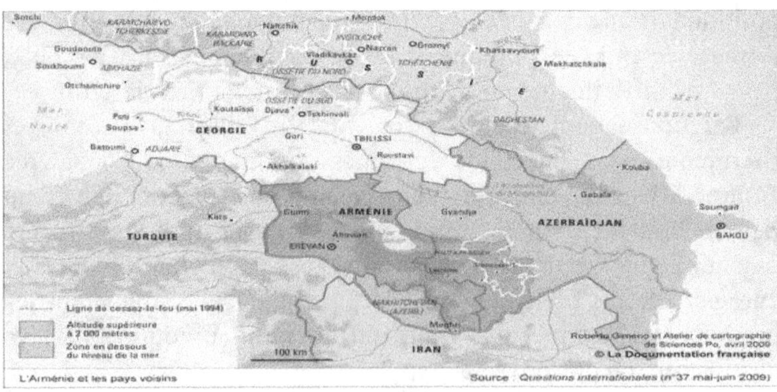

Source : La Documentation française 2009.

Chapitre 3)

Frontières et territoire

Décentralisation inter-territorialité : Analyse et prospective d'une approche d'intégration régionale par le bas

Sylvain OBAME

Le 13 septembre 2013 à l'ouverture de la troisième réunion de la Conférence africaine de la décentralisation et du développement local (CADDEL) qui réunit l'ensemble des ministres en charge des collectivités locales des pays membres de l'Union africaine (UA), Aminata Touré, Premier ministre du Sénégal de l'heure, prônait l'inter-territorialité comme mode de gouvernance transfrontalière en Afrique. Par-là, soulignait-elle qu'au regard de la mondialisation, aucun territoire ne peut plus s'enfermer et suffire à lui-même. Ainsi, chaque pays africain, en tant qu'État souverain doit *« s'ouvrir aux autres, dans le cadre d'organisations régionales pour développer la solidarité et l'intégration intergouvernementales »*.

Aujourd'hui en effet, la mondialisation vient renforcer la nécessité d'une intégration sous régionale par les territoires. Celle-ci est considérée comme une voie stratégique pour promouvoir un développement durable et inscrire positivement les régions frontalières dans une décentralisation qui permette une effective coopération interterritoriale. La décentralisation désigne une technique d'organisation et de fonctionnement de l'État qui confère à des collectivités locales des compétences à exercer en toute autonomie dans leur périmètre respectif par des personnes désignées localement et démocratiquement. Si donc, la décentralisation ne fait pas disparaître le pavage des territoires, toutefois, elle favorise un certain maillage des réseaux. Elle crée alors un nouveau contexte qui change le fonctionnement social, économique et politique des territoires. On désigne ce nouveau contexte « l'inter-territorialité ». L'inter-territorialité désigne « la capacité à tisser ou à tricoter les articulations, les relations et les complémentarités entre les territoires de différents niveaux d'importance ». Elle englobe l'intercommunalité, l'inter-départementalité et l'inter-régionalité. Dès lors, l'inter-territorialité apparaît comme « une coopération de construction d'un territoire, liée à la nécessaire implication des collectivités territoriales de part et d'autre de la frontière qu'elle soit du dedans ou du dehors dans l'aménagement et le développement du territoire et au dépassement de la frontière-barrière pour développer la frontière-trait d'union ».

Pour bien comprendre notre analyse, nous faut-il rappeler que pendant longtemps, l'intégration sous-régionale en Afrique centrale s'est développée sur la base d'une approche institutionnelle classique par le haut, descendante se manifestant par la mise en place d'institutions supranationales telles que la Communauté économique et monétaire de l'Afrique centrale (CEMAC). Sauf que ce modèle, déconnecté des dynamiques locales, semble piétiner. La pertinence de cette approche se pose. Dans l'optique de surmonter cette macération, l'approche interterritoriale est perçue comme une voie pour construire un espace communautaire fonctionnel et réussir une intégration sous-régionale de proximité. Appréhendées aujourd'hui comme approche alternative d'une intégration sous-régionale par le haut qui tarde à se concrétiser, la décentralisation et l'inter-territorialité introduisent de nouvelles perspectives : le laboratoire social déborde les territoires, non pas seulement dans leurs formes concrètes, mais dans leurs principes mêmes. Les populations et les activités dépassent l'exiguïté des États. En effet, les migrations de populations, les interactions spatiales (rural-urbain, urbain-urbain, local-national, national-transnational), les logiques socio-économiques des acteurs transcendent les frontières administratives du « dedans » (entre les collectivités territoriales) et « du dehors » (frontières d'États).

Alors que le Gabon et tous les pays de l'espace communautaire CEMAC sont engagés dans des politiques de décentralisation visant à responsabiliser les acteurs locaux dans le processus de développement territorial, ces politiques contribuent-elles à transformer les frontières actuelles qui créent un effet de barrière ou de « cloisonnement » en frontières trait d'union vectrices d'une intégration sous-régionale de proximité par le bas ?

Or, la construction du global à partir du local n'est de notre point de vue réalisable de façon rationnelle qu'à travers l'inter-territorialité, telle est l'hypothèse ici formalisée et énoncée. L'inter-territorialité serait donc seule en mesure de transnationaliser et transterritorialiser le spectre des politiques. C'est du moins l'hypothèse prospective dont on partira ici pour explorer le dépassement du principe de territoire et le renouvellement de la territorialité. Effectivement, en dépassant les frontières dans l'État et de l'État, l'inter-territorialité peut permettre d'accroître les marges de manœuvres politiques et de mieux favoriser une action publique multiscalaire, car comme justement l'écrit Paul Virilio[144], « depuis plusieurs années, l'extérieur l'emporte partout sur l'intérieur, et l'histoire géophysique se retourne, comme un gant ». Ainsi, nous encourage-t-il à penser l'outreville, l'exoville, l'exurbia. Il nous semble donc que bien articulée, l'inter-territorialité au-dedans comme au-dehors de l'État viendrait agrandir les territoires institutionnels et les faire coïncider avec les territoires fonctionnels dans l'optique de faciliter la vie des populations frontalières. Car, *« la limite, plutôt que d'être vue comme une frontière, peut être perçue comme un espace intermédiaire. Ce tiers espace est une intersection souple où l'on joue à la fois sur l'inclusion et l'exclusion... un lieu de transit et de médiation... à partir [duquel] on peut aller dans plusieurs directions à la*

---

[144] Cité par Froment J.-Ch., « Une approche "simplexe" de la réforme territoriale de l'État ou comment emprunter les chemins de l'inter-territorialité pour inventer un État multimodal ? », in *De la réforme territoriale à la réforme de l'État*, textes réunis par Nicolas Kada, p. 11-25.

fois... [et qui] permet de se définir par rapport à une pluralité de références extérieures[145] ». L'objectif de cet article est d'apporter des éclairages sur les enjeux de croisement entre décentralisation, inter-territorialité et intégration régionale. Il s'agit de réfléchir sur le champ de la coopération interterritoriale au-dedans et dehors en perspective d'une optimisation de l'intégration sous-régionale en zone CEMAC.

À partir de là, ne doit-on pas s'arrêter un instant sur ce renversement des valeurs sociétales de l'entre-deux tout en considérant que l'inter-territorialité transfrontalière en vue de l'intégration sous-régionale n'est pas objectivement concevable sans une politique de décentralisation parfaite, cette hypothèse interterritoriale nous a conduit à procéder d'abord à une brève exégèse de la loi relative à la décentralisation au Gabon afin de vérifier si elle permet au stade actuel de sa maturation la mise en œuvre d'une politique publique de l'inter-territorialité nationale nécessaire pour établir une inter-territorialité transnationale. Hélas, ce style de gouvernance, c'est-à-dire l'inter-territorialité « du dedans », s'est révélé paralysé par une léthargie normative limitant parallèlement l'inter-territorialité « du dehors » **(I)**. Anéantie par la léthargie de l'inter-territorialité « du dedans », l'inter-territorialité « du dehors » se révèle pourtant sur la base de quelques expériences pilotes comme une approche de gouvernance transfrontalière pour développer la solidarité et l'intégration sous-régionale en zone CEMAC **(II)**.

I. Décentralisation et inter-territorialité « du dedans » : une approche de gouvernance par le bas paralysée par la léthargie normative

Nouvelle obligation moderne de construction d'un intérêt général, l'inter-territorialité n'est pour autant pas encore devenue au Gabon un de ces « buzz words » tant comme son « fécondant », la décentralisation, elle ne se situe pas non plus

[145] Rémy J., 1984, « Centration, centralité et haut-lieu : dialectique entre une pensée représentative et une pensée exploratoire », *Revue de l'Institut de Sociologie*, n°s 3-4, p. 449-486.

au cœur des débats politiques et des stratégies de développement.

Le moins qu'on puisse dire est que la décentralisation au Gabon n'a pas encore permis de sortir des logiques incantatoires, de périmètres et de cloisonnement d'échelles. En effet, l'état de la décentralisation dans cet État nous renseigne que le design institutionnel ne déborde pas encore totalement les barrières administratives qui circonscrivent les territoires nationaux. Pourtant, le fonctionnement des sociétés transcende désormais totalement des limites administratives qui habillent les territoires. Ce fonctionnement sociétal relie sans cesse différents territoires, et s'inscrit ainsi dans l'« inter-territorialité ». Comme disait Blanquart : *« Il n'est plus possible de demeurer dans des territoires délimités, des cultures fermées, des identités closes*[146] *»*. On trouve un tout autre intérêt au « travail synaptique » dans lequel l'entre-deux permet des émergences. Car *« tel est l'entre : il lie et délie à la fois, il rend intéressant. La vie et l'intelligence en dépendent. À la logique du trans- s'oppose celle de l'inter-*[147] *»*. Mais, comme principe organisateur du fonctionnement social, l'inter-territorialité n'est pas encore acquise au Gabon. Nous sommes donc en présence d'un acteur, l'État sans conscience interterritoriale **(A)**. D'autre part, ce qui expliquerait les résistances politiques manifestées par ce dernier face à l'enjeu interterritorial **(B)**.

A – L'inter-territorialité comme principe organisateur du fonctionnement social : Une logique encore hermétique à l'État

Le retard du pouvoir politique au Gabon sur le fonctionnement interterritorial de la société n'est qu'une conséquence logique de la macération de la décentralisation. En effet, c'est la décentralisation qui commande l'inter-territorialité. Or, celle-ci reste à son stade d'énonciation. Ce qui explique qu'aujourd'hui encore, le pouvoir politique s'exerce et

---

[146] Blanquart P., 1997, *Une histoire de la ville, pour repenser la société*, Paris : La Découverte.
[147] *Id.*

s'appuie sur la territorialité. L'action politique est bornée à un périmètre spatial, que chaque institution s'évertue à défendre comme s'il constituait son domaine réservé. La législation actuelle n'est point un aiguillon de régulation politique entre territoires. Alors qu'il est de plus en plus difficile de lier la gestion des problèmes à des cadres territoriaux fixes. Les problématiques sociales sont désormais devenues intercommunales, interdépartementales et interprovinciales, donc *in fine* interterritoriales. La performance politique des territoires se joue désormais davantage dans la coordination de leurs actions que dans la revendication de leur souveraineté. Pourtant, l'évolution de la décentralisation ne progresse pas, ce qui constitue un frein au développement d'une politique de l'inter-territorialité. En conséquence, nous pouvons affirmer que le droit actuel de la décentralisation au Gabon est un non-viatique à l'inter-territorialité **(1)**. De plus, force est d'observer que l'État qui doit faire évoluer partout le cadre législatif global de l'organisation des territoires n'a pas intégré la recomposition territoriale issue du nouveau découpage territorial de 1996. Le Gabon souffre donc d'un sous-régime territorial, d'une vitalité territoriale insuffisante pour que l'on puisse lui prêter les intentions de vouloir faire de l'inter-territorialité un principe organisateur du fonctionnement social **(2)**.

1. La législation gabonaise de la décentralisation : un non-viatique à la pensée interterritoriale

Le constat clinique qui semble se dégager d'un examen méticuleux et objectif de l'action de décentralisation jusqu'ici entreprise au Gabon est celui de la léthargie. En effet, le droit actuellement en vigueur issu de la loi organique relative à la décentralisation du 6 juin 1996 (LORD96) reste jusqu'aujourd'hui suspendu à l'adoption des décrets et lois les plus importants devant permettre son application. Pour le cas qui nous intéresse particulièrement, la LORD96 institue le principe de l'inter-territorialité « du dedans et du dehors » comme mode d'action locale dans une douzaine d'articles. Son article 208 dispose que « la coopération, l'entraide ou toute autre forme d'échanges sont autorisées entre collectivités locales ayant des intérêts communs, dans les conditions et modalités fixées par la loi pour la réalisation d'une œuvre commune, d'un service d'intérêt inter-collectivités ». Curieusement, cette LORD96 renvoie à une loi ordinaire pour préciser les modalités de fonctionnement de ces coopérations inter-collectivités. Mais, cette législation évoquée aux articles 208 et 214 de la loi organique n'a pas été prise à ce jour. Par ailleurs, l'inter-collectivité n'est pas expressément ouverte car quoique partant du concept générique de coopération inter-collectivités, la loi traite presqu'exclusivement des communes en omettant quasiment les départements. La loi ne prévoit pas expressément la possibilité de conclure des partenariats entre départements et communes. Or, le Gabon a deux catégories de collectivités locales : départements et communes. La dynamique de l'inter-territorialité ne semble pas être engagée car aucun cas, de cas de coopération intercommunale n'est ni rapportée ni répertoriée, la facilitation du pouvoir central à cet égard n'est pas particulièrement démonstrative. Même dans les cas où, manifestement, deux ou trois communes contiguës auraient intérêt à mutualiser leurs ressources ou des activités pour une plus grande efficacité, chacune continue d'agir en solo.

Convient-il par ailleurs d'indiquer que la société gabonaise ne s'est toujours pas encore livrée aux délices de la territorialité. Nous sommes par ailleurs en présence d'une loi dont les transferts des compétences et des moyens correspondants du pouvoir central aux collectivités locales sont toujours attendus. On relève ainsi que le transfert de compétences de l'État aux collectivités locales n'est pas devenu effectif, le projet de loi n° 020/2011 adoptée par le Parlement en 2012 n'ayant pas encore été promulguée. Or, pour pouvoir exercer des compétences, et même en partager l'exercice dans des mécanismes de partenariat, encore faut-il disposer des moyens conséquents. Les compétences actuellement exercées par les collectivités locales traduisent donc plus une forme de déconcentration qu'une véritable décentralisation. Il s'agit principalement de compétences déléguées insusceptibles par nature de transfert comme l'état civil, l'exécution des lois et règlements et accessoirement d'autres exercées de fait sous un contrôle étroit de l'État tel que le ramassage des ordures.

Parallèlement à cette ankylose de l'inter-territorialité par déflation législative, le « paradigme territorial » né de la décentralisation qui s'est imposé révèle *a contrario* un État en « sous-territorialité ».

2. Le « sous-régime » territorial dans l'État

L'État fait échouer l'inter-territorialité, car la nouvelle organisation administrative sous-investit les territoires, et limite ainsi l'efficacité de leur action. L'inter-territorialité n'est donc pas limitée par les pouvoirs locaux car chaque pouvoir territorial ne s'est pas jalousement livré aux délices d'une pseudo-souveraineté territoriale, se défendant d'intervenir dans celle du voisin au nom du « maître chez soi ». Les pouvoirs locaux n'ont pas transformé leurs territoires en « Républiques des fiefs » comme disait Yves Mény[148]. Mais, c'est l'État qui les enferme dans des prés carrés pourtant impossibles aujourd'hui à respecter.

Nous relevons plusieurs symptômes de cet échec. Nous en retiendrons deux. Tout d'abord, nous constatons que la décentralisation n'a pas réussi à rendre effectif le transfert des compétences. Par conséquent, chacune des strates administratives agit dans le cadre de compétences qui ne lui sont pas transférées et qui ne sont pas clairement délimitées. Le résultat est que chaque échelle de gouvernance tend à ne pas agir. Ensuite, nous observons une absence de conquêtes géographiques de la décentralisation. Dans ce contexte, les évolutions institutionnelles ne tendent pas à créer un « sur-territoire » mais un « sous-territoire ». Il nous faut indiquer que le problème fondamental ici réside dans l'absence de l'instrumentation de l'inter-territorialité tant au plan structurel : intercommunalités, interprovincialités, inter-départementalités, des Syndicats intercommunaux à vocation unique (SIVU) ou des vocations multiples (SIVOM), au plan moins formel des « espaces de gouvernance » (conférences intercommunales,

[148] Mény Y., 1992, « La République des fiefs », *Pouvoirs* n° 60, Paris, PUF.

forums, conférences des exécutifs, réseaux de villes), qu'au plan des procédures-cadres (charte d'objectifs, contractualisation). Or, toutes ces procédures ne sont destinées qu'à assumer en commun des services et des équipements dont les aires d'influence se jouent des périmètres, gérer sur un territoire une dynamique socio-spatiale qui prend sa source dans un autre, affronter ensemble un phénomène traversant, organiser l'action publique multi-échelle : au quotidien, le gouvernement d'un espace qui se complexifie, par un dispositif qui ne veut connaître que la simplicité et l'exclusivité du rapport pouvoir-territoire, reste un exercice aléatoire.

Le droit gabonais de la décentralisation s'offre donc à l'observation comme un droit en apesanteur et paralysant, dépourvu de ses structurations de base. Le dépassement de la territorialité reste ainsi pour l'État une contrainte plus qu'une stratégie vouée à créer de la société et de la solidarité.

B – L'État : un acteur résistant à l'inter-territorialité

Les collectivités territoriales ne cessent de mettre en avant le principe juridique de libre administration et d'invoquer leur autonomie financière, mais force est de constater que cette rhétorique de l'autonomie est illusoire. Les budgets des collectivités sont dépendants des dotations distribuées par l'État : il n'y a donc pas autonomie mais dépendance croissante des territoires par rapport au centre. Si les collectivités territoriales ne cessent de mettre en avant le principe juridique de libre administration et d'invoquer leur autonomie financière, force est de constater que cette rhétorique de l'autonomie est illusoire. Les budgets des collectivités locales dépendent des dotations distribuées par l'État : il n'y a donc pas autonomie mais dépendance absolue des territoires par rapport au centre.

D'une manière générale, il est reproché à l'État de ne pas tendre vers l'inter-territorialité du fait de sa volonté de protéger son pouvoir hégémonique. Les différents discours que les pouvoirs publics élaborent pour légitimer leurs actions sont basés sur ce principe simple, mais absolument fondamental. Il ne leur échappe pas que l'avènement de l'inter-territorialité politique passerait par une remise en cause profonde du système institutionnel national, et notamment par une redéfinition des souverainetés et des légitimités territoriales.

La décentralisation est donc porteuse d'un paradoxe : elle affiche pour ambition de favoriser un véritable pouvoir local, mais n'a pas encore réussi à autonomiser les collectivités locales pour qu'elles engendrent la coopération interterritoriale. Mais, il est tout aussi un régime spécifique de l'inter-territorialité qui souffre du syndrome identique, celui du vide juridique et de la faiblesse des pratiques : il s'agit de l'inter-territorialité « du dehors » dite encore coopération transfrontalière ou territoriale.

II. Décentralisation et inter-territorialité : un mode de gouvernance stratégique d'intégration sous-régionale

Inventer l'avenir avec ses voisins proches, avec les territoires adjacents ne serait-ce que pour organiser de façon coordonnée et performante les mobilités de proximité entre les territoires de vie limitrophes ; tel est l'enjeu d'une inter-territorialité « du dehors ».

Mais, est-elle aujourd'hui pensée ? La réponse est négative car la construction sous-régionale reste encore une affaire d'État. N'incarnant pas les territoires, n'impliquant pas les peuples et les collectivités locales. Elle ignore de fait les dynamiques du bas car elle n'a pas pris en compte les logiques socio-économiques des populations. Il est donc déconnecté des dynamiques locales qui s'expriment notamment dans les espaces frontaliers. En réalité et d'une manière générale, les paradigmes de développement en Afrique centrale ont ignoré le territoire. Car comme le note Christel Alvergne[149], « dans le cas des politiques d'aménagement du territoire, on a assisté à un “aménagement sans le territoire” ». On observe donc que la sous-région se caractérise par une juxtaposition de deux processus, l'un institutionnel, l'autre réel qui s'ignorent dans la plupart des cas. Or, il est des réalités locales tangibles qui appellent des réponses co-construites. Dès lors, l'intégration

---

[149] Alvergne Ch., *Le défi des territoires. Comment dépasser les disparités spatiales en Afrique de l'Ouest et du Centre*, Paris, Karthala – PDM, 2008.

sous-régionale ne saurait être construite qu'à partir de la logique *« du se mettre responsabilité chez les autres »,* autrement dit de la partageabilité des ambitions désormais interterritoriales (A). Pour conforter cette inter-territorialité, convient-il que les institutions sous-régionales s'appuient dans leur action sur la notion de biens publics mondiaux, appréhendée comme guide et régulatrice d'une coopération interterritoriale de proximité (B).

A – La partageabilité des ambitions interterritoriales

L'inter-territorialité consiste à reconnaître que chaque organisation politique gestionnaire d'un territoire est prise dans un ensemble plus vaste à la coordination duquel elle doit contribuer : on peut parler de « devoir d'articulation », ou encore de « politique des échelles ». La question de la délimitation géographique appelle une réflexion sur la notion de périmètre de développement car les périmètres actuels ne paraissent pas conformes aux réalités effectives des déplacements. Dès lors, la mobilité accrue des individus et des échanges favorisée par la mondialisation pousse à ce que l'intégration sous-régionale intègre ces nouveaux espaces dématérialisés, ces continuités territoriales. Ainsi, une organisation en réseau sur le modèle du polycentrisme maillé, encouragé par les législateurs nationaux et communautaires peut favoriser la synergie des compétences territoriales reliées les unes aux autres par des flux d'échange. La raison en est que les activités menées par une collectivité locale A, située en amont, produisent nécessairement des effets sur les habitants d'une collectivité locale B située en aval. Ce sont des effets de débordement **(1)** et d'autre part, des effets d'encombrement **(2)**. Du fait d'une faible incitation politique, juridique et financière au plan national et sous-régional, ces externalités géographiques et ces encombrements appellent une réflexion prospective pour établir une inter-territorialité transfrontalière qui serait source d'une intégration sous-régionale de proximité.

1. Les effets de débordement appellent à une contractualisation interterritoriale

Les effets de débordement, ou externalités géographiques, apparaissent lorsque l'activité d'une collectivité territoriale a des répercussions, positives ou négatives, sur les habitants d'une ou de plusieurs collectivités voisines qui ne participent ni aux décisions relatives à ladite activité, ni à son financement. La contractualisation devient ainsi la technique dominante. La contractualisation interterritoriale vise les interfaces, les enjeux et objets communs à plusieurs territoires parce qu'en les traversant, les ambitions deviennent partageables.

Les effets de débordement peuvent avoir deux déclinaisons qu'il faut distinguer : premièrement l'effet de débordement de production **(a)**, et deuxièmement l'effet de débordement de consommation **(b)**.

a – L'effet de débordement de production

L'effet de débordement de production intervient lorsqu'un bien collectif produit par une collectivité A procure des avantages aux habitants de collectivités limitrophes sans que ces dernières aient participé ni à la décision, ni au paiement du coût de production dudit bien. Exemple : si la collectivité locale A prend des mesures d'assainissement d'un cours d'eau, "l'eau potable" ainsi gagnée ne s'arrête pas aux frontières : elle déborde, et les habitants des collectivités situées en aval profitent d'une eau assainie.

b – L'effet de débordement de consommation

Dans ce cas, le bien ou service collectif est produit par une collectivité donnée et il ne peut être consommé que dans cette dernière. Il y a débordement de consommation lorsque des utilisateurs extérieurs à la collectivité productrice s'y rendent pour consommer ledit bien.

Les externalités géographiques, du fait qu'elles impliquent une absence de coïncidence entre les cercles utilisateurs, décideurs, payeurs entraînent des inefficiences dans la décentralisation. L'origine de ces inefficiences réside dans le fait qu'une collectivité territoriale qui décide de fournir un bien à ses résidents ne prend en compte que les effets de cette offre sur le bien-être desdits résidents sans tenir compte des avantages éventuellement captés par les habitants des collectivités limitrophes. En conséquence, l'offre est économiquement sous optimale. Pour résoudre le problème des effets de débordement, la théorie suggère une alternative : soit l'agrandissement (collaboration ou fusion) du territoire institutionnel pour le faire coïncider avec le territoire fonctionnel ; soit l'indemnisation de la collectivité productrice du bien par les collectivités dont les habitants bénéficient des effets de débordement.

2. Les effets d'encombrement appellent à replacer le territoire au cœur du processus d'intégration sous-régionale

Les effets d'encombrement ou de congestion sont en fait des externalités territoriales négatives et ils sont étroitement liés à la mobilité des consommateurs entre collectivités territoriales. Supposons un mouvement pendulaire entre collectivités territoriales permettant aux pendulaires de consommer des services collectifs de la collectivité de destination. En supposant en outre que la qualité de la consommation d'un bien collectif dépend du nombre de consommateurs, il en résulte qu'un surnombre éventuel desdits consommateurs entraînera, à partir d'un certain seuil, un encombrement coûteux. Autrement dit, les effets d'encombrement engendrent des inefficiences dans l'allocation des ressources. En effet, les pendulaires qui se déplacent dans une collectivité qui n'est pas celle de leur résidence pour y consommer un bien, ne tiennent compte dans leur calcul que du coût moyen qu'ils supportent personnellement, mais pas des coûts marginaux qu'ils font subir aux habitants de la collectivité dans laquelle ils arrivent.

Face aux effets d'encombrement, deux catégories de solutions théoriques peuvent être notées :

La première catégorie consiste en deux formules envisageables à l'échelle de la collectivité dont les habitants subissent les effets d'encombrement. Ainsi, cette collectivité pourrait décider soit de freiner l'arrivée de nouveaux consommateurs (pendulaires et/ou définitifs), soit d'imputer aux nouveaux arrivants la différence de coût, c'est-à-dire de pratiquer des prix différenciés entre résidents et non-résidents. Cependant, dans le cas particulier des collectivités territoriales gabonaises de telles solutions théoriques ne seraient pas légales. En effet, elles se heurteraient à des principes généraux du droit qui sont de valeur constitutionnelle, à savoir le principe de la liberté de circulation des citoyens dans tout le territoire national, au principe d'égalité devant les services publics et au principe d'égalité devant les charges publiques, la non-exclusion fait référence à l'impossibilité d'exclure un usager de l'accès au bien public, l'indivisibilité qui implique que la totalité du bien public est consommée par tous les individus.

La deuxième catégorie de solution suppose la reconnaissance du problème d'encombrement par les différentes collectivités impliquées et la coopération entre elles dans le but de le résoudre. Dans cette perspective, soit la collectivité dont les membres sont à l'origine du mouvement pendulaire verse des subventions à la collectivité de destination, soit les collectivités impliquées conviennent d'un recours à la collaboration inter-collectivité, c'est-à-dire qu'elles conviennent de l'élargissement de l'espace de référence fonctionnel en faisant entrer les individus (utilisateurs) à l'origine des effets d'encombrement dans le cercle des décideurs et des payeurs. Ces deux dernières solutions pourraient être beaucoup plus praticables, mais comme précédemment indiqué, leur mise en œuvre nécessite la coopération des collectivités impliquées. Pourtant, une coopération spontanée des collectivités territoriales dont les habitants sont à l'origine des effets d'encombrement pourrait ne pas être acquise notamment en cas de mobilité temporaire desdits habitants. En effet, la mobilité temporaire engendre en réalité des effets positifs pour les collectivités de départ dont les habitants vont consommer ailleurs des services qu'elles n'ont ni besoin de fournir ni de financer. Par contre, en cas d'importants départs durables ou définitifs, les collectivités de départ pourraient être davantage incitées à coopérer. En effet, de tels départs impliqueraient pour lesdites collectivités une chute des ressources fiscales avec une double conséquence : soit, une augmentation de la pression fiscale sur les résidents si les collectivités de départ optent de maintenir le niveau (quantité et/ou qualité) des prestations en services collectifs, soit à l'inverse, une réduction du niveau des biens collectifs contre un maintien du niveau de la pression fiscale. Les collectivités de départ seront d'autant plus disposées à coopérer que l'une ou l'autre conséquence ci-dessus évoquée peut inciter à de nouveaux départs durables.

B – La notion de biens publics mondiaux comme guide et régulateur de l'inter-territorialité « du dehors »

La notion de biens publics mondiaux, qui consiste à bâtir un intérêt général interterritorial et une cohérence à portée transfrontalière pourrait guider la régulation sous-régionale. De prime abord, expliquons : la notion de bien « public » signifie que l'on ne peut exclure aucun usager de la possibilité d'y accéder, que ces biens sont inaltérables et indivisibles. L'indivisibilité implique que la totalité du bien public est consommée par tous les individus. C'est cette notion de biens publics qui a été étendue à celle de « biens publics mondiaux » créant ainsi une relation filiale. Le bien public mondial s'entend comme l'ensemble : « des infrastructures, des services ou des activités dont l'utilité transcende les frontières nationales et concerne l'ensemble de la planète ». Transposée au sous-régional, la notion permet de proposer des modes de gestion et de financement des biens et des services. Ces biens publics doivent être produits et gérés au niveau sous-territorial, ce qui implique des accords interterritoriaux. Les bailleurs de fonds ont d'ailleurs reconnu la nécessité de prise en compte de cette notion dans le cadre de l'aide. L'Agence française de développement (AFD) a identifié trois domaines prioritaires : les asymétries de marché et les infrastructures de désenclavement économique, l'environnement et les ressources naturelles et les biens dits déficients notamment les services sociaux et les infrastructures de base. Quant à la BM, elle les définit comme « des biens, ressources, politiques et services, produisant des compétences positives transcendant les frontières des pays, ayant un intérêt pour le développement et la réduction de la pauvreté et ne pouvant être mis en œuvre sans une gestion concertée de la Communauté internationale ».

La reconnaissance de biens publics interterritoriaux sous-régionaux devrait renforcer d'une part, le rôle des États, des instances sous-régionales, et d'autre part, celui des collectivités territoriales frontalières, appelées à devenir les fournisseurs. En matière de développement interterritorial, il pourrait s'agir de la coproduction des infrastructures ou de l'initiation de plans interterritoriaux d'industrialisation à plusieurs collectivités territoriales voisines.

Or, actuellement, la situation est plutôt à une absence de production de biens publics sous-régionaux. Pourtant, la prise en compte d'une dimension interterritoriale sous-régionale aurait pour effet de favoriser des articulations entre différentes échelles.

La notion de biens publics mondiaux, bien appréhendée et appropriée peut d'une part conduire à guider l'inter-territorialité transfrontalière afin qu'elle soit un instrument d'aménagement de la région des Plateaux **(1)** ; et pourrait permettre d'autre part de conférer à la zone des « Trois » frontières le statut d'une de souveraineté partagée **(2)**.

1. L'aménagement de la région des Plateaux au nord du Gabon

L'intégration sous-régionale passe également par la promotion de l'intégration à partir de la base. En effet, au lieu de s'appuyer uniquement sur la mobilisation de l'intégralité des États pour la construction d'un espace communautaire, il convient également d'encourager une véritable intégration par la définition de « cercles concentriques » regroupant deux ou trois États. Il s'impose à nous d'observer que la région des Plateaux représente ce cercle concentrique, autrement dit, elle n'est pas bénéficiaire seule du développement, au contraire, elle est dans une relation de co-réalisation, de co-aménagement de son territoire avec les régions voisines du Congo. Ainsi, nous verrons d'une part l'impact de la route dans cette perspective tant il est admis que l'axe routier Léconi-Lékéti se révèle être un élément d'intégration sous-régionale (a) et qu'inversement la région des Plateaux peut être une voie de sortie pour le désenclavement des régions septentrionales du Congo (b).

a. L'axe routier Léconi (Gabon) – Lékéti (Congo) : un élément d'intégration sous-régionale de proximité

Le développement économique et social de la région des Plateaux tient beaucoup au transport routier, on dira même que leur amélioration est une condition nécessaire de toute forme de développement. Comme nous l'avons précédemment dit, la région des Plateaux est desservie par deux routes régionales – R15 et R16 et par plusieurs routes départementales. Ces deux routes régionales débouchent toutes sur la République du Congo. La route régionale R16 qui part de Franceville vers Léconi en passant par Bongoville débouche par la suite sur le Congo. Sur l'axe Franceville-Léconi-Kabala (village frontalier), cette route est aménagée, bitumée, par contre, entre Kabala et Lékéti, commune congolaise, le tronçon est impraticable parce que très sableux. Mais à la fin des années 2000, cet axe routier a fait l'objet d'une tentative d'aménagement dans le but de relier ces deux pays. Ces travaux étaient financés par la « Banque islamique de développement » (BID) pour un montant de 35 milliards de FCFA, pour un projet commun : la Transafricaine, un réseau routier fiable qui reliera l'ensemble des pays africains. Et avec la construction prochaine du port fluvial sur la rivière Lékéti, affluent du fleuve Congo, la région des Palteaux pourrait envisager une autre voie de sortie vers l'extérieur et développer des échanges économiques. La construction récente des bureaux de douane ainsi que la pose de la première pierre de l'école de douane dans la commune de Léconi se justifient par ce projet de port fluvial. Le poste de douane de Lékoni pourrait ainsi voir des camions passer chargés de produits manufacturiers expédiés à Franceville et à Moanda, alors que de nos jours, les marchandises d'importation transitent par le port de Pointe-Noire ou celui d'Owendo avant d'emprunter le Transgabonais. Ce qui justifie le coût très élevé des produits de première nécessité. L'axe routier Léconi-Kabala-Lékéti assurera l'essentiel du trafic des produits manufacturiers et vivriers en provenance du port fluvial de Lékéti et de la région de la cuvette (Congo) destinés au marché de Franceville ou inversement, du port sec de Franceville au marché de Lékéti. L'inversion des courants d'échange en faveur du territoire national se lira dans la croissance des communes de la région des Plateaux comme Léconi et Ngouoni jadis en déclin.

b. La région des Plateaux du Haut-Ogooué : une voie de sortie pour le désenclavement des régions septentrionales du Congo

Le désenclavement véritable des régions septentrionales du Congo a été réalisé par le Chemin de fer Congo-Océan (CFCO) à partir de Brazzaville. Mais, ces régions connaissent d'énormes difficultés économiques ; cette situation est causée par les guerres civiles à répétition que connaît ce pays. Ces régions apparaissent donc plus isolées et/ou les produits de première nécessité manquent. Et le CFCO qui relie Brazzaville au port de Pointe-Noire ne remplit plus son rôle de désenclavement de cette périphérie du Congo. Par ce fait, la région frontalière des Plateaux du Haut-Ogooué au Gabon devient une voie de sortie pour cette partie du Congo. D'ailleurs, ces régions septentrionales du Congo, plateaux et cuvette, sont aujourd'hui dépendantes de cet espace des Plateaux du Gabon ; qui leur fournit l'essentiel des produits manufacturiers de première nécessité. Ce sont les commerçants ambulants qui assurent ce commerce avec ces régions voisines.

La région des Plateaux présente ainsi deux atouts majeurs pour le désenclavement des régions nord du Congo. En effet, cet espace bénéficie d'un réseau routier partiellement entretenu et d'un nombre important des transporteurs routiers, ce qui n'est pas le cas pour cette partie du Congo où les camions sont rares. Il sera donc intéressant de canaliser et d'organiser ce transport routier en direction du Congo. Une fois élaboré, ces transporteurs pourront livrer les marchandises nécessaires dont cette région a le plus besoin pour son développement. La région des Plateaux se présente aussi comme la plus sécurisée par rapport à l'ensemble du territoire congolais soumis à une guerre civile aux conséquences interminables. La région des Plateaux offre pour l'instant plus de garanties de sécurité ; c'est pourquoi elle apparaît comme une voie à exploiter pour désenclaver les régions nord du Congo. D'ailleurs, cette voie a été d'un apport stratégique dans la récente guerre civile congolaise où tout le matériel transitait par les routes de la région des Plateaux.

2. La zone des « Trois frontières » au nord du Gabon : une expérience pilote pour valoriser la notion de pays frontière

D'abord, présentons : cet espace est traversé par trois frontières ; il regroupe l'est de la Guinée équatoriale, le sud du Cameroun et le nord-ouest du Gabon. Ces territoires sont donc contigus. Tout concourt à la coopération « verticale » des territoires. La construction de deux ponts routiers sur le fleuve Ntem rend opératoire le premier axe Nord-Sud transnational reliant deux capitales : Yaoundé au Cameroun et Libreville au Gabon. D'autres infrastructures routières locales ouvertes à la circulation dans les trois pays riverains assurent le désenclavement de cette zone des « trois frontières ». De tels équipements sont des atouts en faveur du développement et d'une relativisation de la frontière-barrière. Ces équipements sont de nature à permettre l'articulation de plusieurs échelles géographiques et territoriales : locales, nationales, transfrontalières et transnationales.

L'ouverture des deux ponts nécessite de définir les complémentarités possibles pour faire jouer les relations interterritoriales. Plusieurs activités de transport peuvent être identifiées et mises en œuvre avec les anciens opérateurs déjà présents qui diversifient leurs activités, ou avec de nouveaux opérateurs. On pourrait ainsi mettre en place un transport de voyageurs par bus sur le nouvel axe routier, pouvant avoir un caractère interterritorial et transfrontalier dans la zone des « trois frontières ». Une coordination de l'offre de transports locaux pourrait être également organisée : motos-taxis, auto-taxis, entre les différentes villes et marchés de cette zone. Sur le plan aérien, pourquoi ne pas réfléchir à un renouveau de l'utilisation des aéroports de la zone en vue d'assurer une continuité des liaisons entre ces plateformes aéroportuaires et les diverses villes et marchés de la zone des « trois frontières » ?

Conclusion

Que nous soyons, encore et toujours, des êtres territoriaux, nul ne peut en douter, à condition toutefois de laisser une large place à d'autres rapports à l'espace selon les conditions sociales, économiques, culturelles, générationnelles des êtres en question. Mais les dynamiques interterritoriales doivent permettre de clarifier les rôles institutionnels. Qui fait quoi ? Quelles sont les compétences des collectivités ? Comment peuvent-elles dialoguer ? Ces questions viennent bousculer l'idéologie territoriale. Elles démontrent l'importance de l'articulation des communautés locales et, finalement d'une coopération interterritoriale.

Ces dynamiques interterritoriales, négligées jadis, indiquent aujourd'hui qu'il faut partir d'elles pour développer des expérimentations, justifier les inter-territorialités, former de nouvelles réalités territoriales plus proches de la vie des populations. En quelque sorte de procéder à une africanisation par le bas. Espérons que le Gabon et l'Afrique centrale puissent saisir cette opportunité !

Bibliographie indicative

AUBELLE V., *Osons la décentralisation ! Il est temps de décider de vivre ensemble*, Paris, Berger-Levrault, 2014.

ALVERGNE CH., *Le défi des territoires. Comment dépasser les disparités spatiales en Afrique de l'Ouest et du Centre*, Paris, Karthala – PDM, 2008.

Loi du 6 juin 1996 relative à la décentralisation au Gabon.

BLANQUART P., 1997, *Une histoire de la ville, pour repenser la société*, Paris : La Découverte.

BRENNER N., 1999, "Globalisation as reterritorialisation: the re-scaling of urban governance in the european union", *Urban Studies*, vol. 36, n° 3, p. 431-451.

GARANDEAU V., *La décentralisation au Gabon. Une réforme inachevée*, Paris, L'Harmattan, 2010.

KADA Nicolas (textes réunis), *De la réforme territoriale à la réforme de l'État*, Grenoble, Cerdhap – PUG, 2011.

MENY Y., 1992, « La République des fiefs », *Pouvoirs* n° 60, Paris, PUF.

NKOUMAKALI B., « Décentralisation et développement de la région des Plateaux » in *Décentralisation et développement local. Une mise en perspective*, Fidèle Allogho-Nkoghe (dir.), Paris, Publibook, 2013.

REGOURD Serge, CARLES Joseph, GUIGNARD Didier (sous la dir.), *La décentralisation, 30 ans après*, Toulouse, Presse universitaire de Toulouse, 2013.

RÉMY J., 1984, « Centration, centralité et haut-lieu : dialectique entre une pensée représentative et une pensée exploratoire », *Revue de l'Institut de Sociologie*, n^{os}3-4, p. 449-486.

VANIER M., 2001, « Le tiers espace, acte II de la périurbanisation », *Pouvoirs locaux*, n° 48, p. 59-63.

VANIER M, *Le pouvoir des territoires. Essai sur l'inter-territorialité.*

Retour au terrain : les frontières des Rhodopes en Bulgarie

Julien DOUTRE – Étienne CIAPIN

Zlatograd est une agglomération d'un peu moins de dix mille habitants située dans le massif des Rhodopes, dans le sud de la Bulgarie, singularisée par la proximité de la frontière grecque, située à quelques kilomètres du centre-ville. Nous avons eu l'opportunité de nous y rendre en mars 2014 dans le cadre d'un contrat de recherche ARC intitulé « frontières mobilité échange ». Cette étude comprenait une partie « terrain », visant à recueillir des données, avec pour objectif une réflexion interdisciplinaire portant sur la vie au sein d'un espace frontalier. L'équipe de terrain était composée dans un premier temps de deux doctorants français (nous connaissions déjà la Bulgarie pour y avoir mené des recherches), et d'un anthropologue bulgare qui nous accompagnait, le docteur Petar Kanev, il nous a été d'une aide précieuse, non seulement pour les traductions, indispensables car nous ne parlons pas bulgare, mais également par sa bonne connaissance des Rhodopes sur le plan social et ethnique. Dans un deuxième temps, nous avons été rejoints par plusieurs professeurs français, slovaques et bulgares, ce qui a permis une re-contextualisation interdisciplinaire commune et la visite d'autres sites permettant de mieux appréhender le terrain de la région des Rhodopes.

Nous sommes restés près de deux semaines, ce qui nous a permis de parcourir les alentours et de rencontrer des personnages hauts en couleur, qui ont eu la gentillesse d'accepter de nous recevoir lors d'entretiens compréhensifs et de récits de vie. À travers une galerie de portraits et des descriptions, nous allons présenter ce que peut être la vie quotidienne dans les Rhodopes, et plus spécifiquement à Zlatograd, notre « camp de base ». Nous avons également porté notre attention sur le village de Startsevo et le poste-frontière, tous deux situés à quelques kilomètres de Zlatograd.

Les premiers jours, nous avons essentiellement exploré les alentours de l'hôtel où nous étions logés. Nous semblions en effet idéalement placés, à la fois dans l'espace et le temps : à quelques pas de notre résidence avait lieu une fête traditionnelle annuelle, organisée pour célébrer le printemps, dont le début correspondait à notre arrivée. Nous avons donc profité de cette opportunité pour nous mêler au public, et ainsi rencontrer plusieurs membres actifs de la communauté de Zlatograd, qui nous ont été d'une aide précieuse dans la poursuite de notre terrain.

Rencontre avec les Zlatogradois

C'est après l'avoir croisé pendant les festivités que le pope Constantine nous a accordé un entretien. Très cordial et sympathique, il nous a également rendu de grands services en nous présentant différents habitants de Zlatograd, avec des profils variés. Nous avons ainsi eu différentes opportunités de rencontres, bien que l'on ne se soit pas limité à ces seuls contacts.

Originaire de Plovdiv, il vit ici depuis deux ans et demi. Le pope Constantine a toujours voulu vivre ici, il est né à Varna mais il a « rencontré » les Rhodopes. Avant d'être prêtre, il a visité cet endroit avec sa femme et il l'a tout de suite adopté. Plus tard, il est revenu avec un autre homme d'Église pour chanter des liturgies, les gens ont apprécié, et sont venus très nombreux. Le propriétaire du complexe ethnographique l'a présenté à la population lors d'un mariage. Depuis lors, il officie à Zlatograd. Très bavard sur l'histoire religieuse des Rhodopes, il nous a raconté les origines de la bonne entente entre les deux communautés religieuses de Zlatograd. Cette

« fraternité » remonterait selon lui au Moyen Âge, où l'imam de la ville et le prêtre, qui étaient amis, auraient décidé d'enterrer leurs morts au même endroit, sans tenir compte de leur confession : « Nous vivons ensemble, pourquoi devrions-nous être séparés après notre mort ? »

Par le biais de ce contact, nous avons rencontré un ancien ingénieur de mines à la retraite, engagé dans la communauté orthodoxe. Il nous a été présenté par le pope Constantine comme un spécialiste de la région de par son métier de géologue. Il souhaite voir Zlatograd se développer davantage, et pour lui, la ville se doit d'exploiter ses ressources naturelles, notamment les sources chaudes. Nous avons appris que les sous-sols de la région comportent différentes ressources, notamment de l'eau chaude, qui pourraient servir à la génération d'énergie ou encore à la création de thermes. Cependant, il nous a également expliqué que la gestion de cette ressource cristallise une forme de conflit gréco-bulgare : la nappe phréatique traverse la frontière, et ni la Bulgarie ni la Grèce ne sont d'accord pour concéder l'usage de ces ressources à l'heure actuelle.

Au gré des différents quartiers, nous avons également rencontré d'autres habitants sans passer par le réseau du pope Constantine. Nous avons, par exemple, discuté avec un couple dans leur hôtel, situé dans l'ancien quartier industriel de Zlatograd à l'occasion d'une exploration de la ville. Elle est orthodoxe et lui est musulman. Les mariages mixtes et la bonne entente entre les membres des différentes communautés religieuses sont relativement récents selon eux. Tous deux âgés d'une soixantaine d'années, ils travaillaient dans l'industrie textile, où ils se sont rencontrés. Après la fermeture des industries de la ville, ils ont décidé d'ouvrir un hôtel. Ils se positionnent sur le petit tourisme familial, destiné à des étrangers principalement. Manifestement le gérant de l'hôtel a eu des problèmes avec les Grecs, qui selon lui, sont des voleurs, et qui souvent le prendraient de haut, mais cela ne concerne que ce qu'il appelle les « vrais » Grecs, c'est-à-dire ceux qui vivent en dehors de Rhodopes.

La majorité des hôtels de la ville sont cependant concentrés ailleurs, près de boutiques artisanales. En les visitant, nous en profitons pour rencontrer un marchand de tapis. Ce dernier est né à Startsevo mais travaille à Zlatograd. Ils apprécient le calme de l'endroit et l'interconnaissance propre aux milieux ruraux. Pour eux, les Rhodopes sont un endroit fantastique, et les gens quittent cette région uniquement parce qu'ils sont sans emploi : il est difficile de trouver un travail dans la région. Il a appris le tissage de tapis dans une école et effectué une formation professionnelle, puis a travaillé dans une usine de textiles, qui a fermé après la transition. Il travaille avec sa femme dans son échoppe, elle est en charge de la construction et de l'entretien des métiers à tisser, et lui tisse les tapis. La création de son magasin est directement en rapport avec le propriétaire du complexe ethnographique, dont ils font intégralement partie. Ils sont salariés par le complexe, un business privé détenu par un seul entrepreneur, très connu dans la région. Ils sont très contents de leur statut de salarié car ils affirment qu'ils ne pourraient pas vivre simplement en vendant leurs tapis de façon indépendante. Nous apprenons également que tous les magasins, ainsi que les hôtels du complexe ethnographique sont dans la même situation.

Parallèlement à ces rencontres, nous avons exploré plus largement les rues et les places, ce qui nous a permis de remettre en perspective plusieurs éléments de compréhension. Nous étions logés au sein de la « vieille ville », qui donnait l'apparence d'un quartier ancien, ou plutôt d'un petit village authentique, avec ses colombages et ses façades traditionnelles. Le reste de la ville est beaucoup moins pittoresque, et rappelle par son architecture les quartiers populaires aux façades décrépies que l'on rencontre souvent dans les villes bulgares, ou les maisons carrées trapues des villages. Ici, point de touristes grecs, qui restent dans la vieille ville lors des festivités du printemps, ni d'échoppes touristiques. Zlatograd s'est construite le long des deux rivières et de leur jonction, le plan des différents quartiers forme un Y. Les quartiers étaient historiquement différenciés et délimités selon la religion de leurs habitants. D'un côté le quartier musulman, et ses mosquées, et de l'autre le quartier chrétien, et ses églises orthodoxes, un troisième quartier, plus récent et situé vers la mairie est mixte, et regroupe aussi d'autres bâtiments officiels datant notamment de la République populaire, dont la grande place et la mairie. Cette ville s'est constituée par l'agrandissement progressif de deux villages proches, liés par le centre-ville, la mairie et la place centrale, construit dans les années 50. Les familles n'ont pas pour autant déménagé et changé de quartier au fil du temps, ce qui semble expliquer la continuité spatiale singulière de la ville, bien que l'on nous explique que cette situation n'est pas unique dans la région des Rhodopes.

Aux abords des axes routiers, on peut voir des panneaux de signalisation indiquant la direction de la Grèce, et la route menant jusqu'au poste-frontière. Nous nous y sommes rendus en fin de journée, à pied.

Quittant les faubourgs de la ville et ses maisons aux grands jardins vivriers, et dépassant les deux mosquées de Zlatograd, nous empruntons une route montant et serpentant dans les collines forestières. Nous dépassons un contrôle de police bulgare installé sur la route, qui arrête des voitures de manière sporadique.

Il faudra près de 2 heures pour atteindre le poste-frontière dans la brume crépusculaire de la crête. Ce dernier, de taille modeste, est constitué de baraquements préfabriqués récents, clos de barrières, entourant une cabine de contrôle qui semble commune aux douaniers des deux pays. Ces derniers sont peu loquaces. Les voitures, dans les deux sens, sont rares à se présenter mais les contrôles systématiques : si la Grèce est membre de Schengen, ce n'est pas encore le cas pour la Bulgarie. Ce lieu est baigné dans l'aveuglante lumière des lampadaires et projecteurs. Sur une butte à côté, deux mâts se dressent et les drapeaux grecs et bulgares flottent mollement au vent. Plus loin, une chapelle orthodoxe, elle aussi récente, a été construite, et des aménagements de conforts, tables, barbecue, qui contrastent avec l'ambiance quasi militaire du poste-frontière en lui-même.

Nous apprenons que ce dernier a été inauguré en janvier 2010. Aucune des cinq voitures qui nous dépasseront sur le chemin du retour n'acceptera de nous prendre en stop pour nous ramener en ville.

Quelques jours plus tard, nous avons décidé de visiter Strartsevo, un village proche de Zlatograd et de la frontière, situé sur un coteau des Rhodopes. Ce village est peuplé de Pommaques, des Bulgares de confession musulmane, qui ont la caractéristique de ne parler que le bulgare. Situé à flanc de montagne, et recevant manifestement peu de touristes, la population du village semble vieillissante. Nous avons néanmoins trouvé un atelier de tissage destiné à l'export, où une quarantaine de femmes d'âge mûr travaillaient. Leur employeur, un Allemand d'origine turque, utilise la main-d'œuvre bulgare, peu onéreuse, pour confectionner des « bleu de travail ». Chaque maison comporte un jardin vivrier de bonne taille et quelques animaux domestiques et fermiers.

Dans ce village nous avons aussi rencontré des personnalités intéressantes, dont l'imam, qui nous a préparé un thé à la menthe et fait visiter la mosquée avant de répondre à nos questions. Né à Startsevo, il a étudié le tourisme, puis a travaillé à Sofia, pour finalement revenir, par intérêt pour la religion. Il a été formé par l'ancien imam de la ville. Malgré son jeune âge, il participe activement à la vie de la communauté en tant que responsable religieux. Cependant il nous témoignera du fait que les jeunes quittent massivement la région pour étudier et trouver du travail dans les grandes villes.

Une autre rencontre notable a eu lieu avec le maire, qui nous a réservé un accueil chaleureux et très officiel dans une minuscule salle de réunion de la mairie du village, où il nous a expliqué la difficulté pour les petites communes de se développer de manière autonome sans devoir compter sur les aides européennes. Il affirme également regretter l'ancien régime de la République populaire, car il existait une législation et des programmes spécifiques d'aide aux villages de montagne, dont bénéficiait apparemment Startsevo. Il cherche désormais à attirer des investisseurs qui souhaiteraient créer une nouvelle activité économique. Nous avons du reste reçu une proposition : « Si vous créez une activité dans notre village », nous dit-il, « nous vous fournirons une maison et nous vous trouverons une jolie femme ». Une plaisanterie bien évidemment.

Ce que les entretiens soulignent, par rapport à Zlatograd et sa région, c'est sa situation économique singulière. Plusieurs des personnes que nous avons reçues en entretien nous ont expliqué, avec une certaine nostalgie, le passé industriel de la ville. En effet, Zlatograd était une cité industrielle avant la transition : culture du tabac, usines textiles, mines, industrie militaire, formaient le cœur de l'activité de la région, centralisée à Zlatograd. Aujourd'hui, il ne reste rien (ou si peu…) de ces activités. La seule activité créatrice d'emplois est désormais le tourisme, sous la houlette du complexe ethnographique. Le quartier où il est situé nous est d'ailleurs peu à peu apparu davantage comme un complexe touristique que comme un lieu de vie. En effet, les commerces « traditionnels » (ils nous sont présentés en ces termes) ainsi que les hôtels de la vieille ville font tous partie du « complexe ethnographique », dirigé par un « baron local » (c'est ainsi qu'on le nomme en ville) qui emploie directement toutes ces personnes. Par commerce « traditionnel », nous incluons tout ce qui touche à une forme de folklore. Le marchand de tapis nous l'a bien précisé : il ne pourrait pas vivre de son artisanat car la saison touristique est trop courte, mais en tant qu'employés, lui et sa femme touchent un salaire tous les mois. Si l'initiative qui vise à revigorer l'économie en berne de la région et créer de l'emploi est louable, il ne faut cependant pas se faire d'illusions. Cela n'a été possible que grâce à un financement massif de l'Union européenne. Ces fonds sont destinés à la rénovation des bâtiments et à la création d'une activité économique basée sur la « tradition ». On peut se demander ce qui va se passer quand ces programmes d'aides au développement vont prendre fin. Le tourisme est une activité saisonnière par définition.

Nous avons appris qu'il y avait principalement deux types de tourisme distincts à Zlatograd. D'un côté, il y a une forme de tourisme bulgare. Ce sont principalement les enfants des habitants qui ont quitté la région pour trouver un emploi ou pour faire des études. En revenant passer leurs vacances, ils visitent leurs familles, mais ils ont aussi l'impression de conserver leurs racines. D'autres encore font escale dans la dernière ville bulgare avant la frontière grecque, ils vont se rendre sur le littoral grec. Il est à noter qu'il existe un partenariat entre le complexe ethnographique et un « tour operator », spécialisé dans le tourisme bulgare en Grèce. Ils font ainsi étape à Zlatograd avant de se rendre sur des plages réservées aux touristes bulgares en Grèce. L'autre type de touriste est grec. Ils s'arrêtent à Zlatograd pour faire étape avant de se rendre aux stations de ski des Rhodopes bulgares l'hiver, ou aux plages l'été. Eux vont sur les plages bulgares pour des raisons financières, car il semble que leurs vacances soient moins chères en Bulgarie. Zlatograd est alors une étape privilégiée. C'est une des premières villes bulgares après la frontière. Il est donc moins onéreux de s'arrêter ici pour la nuit plutôt qu'en Grèce.

L'ouverture du *check-point*, que nous avons visité et emprunté durant notre séjour est d'ailleurs directement liée à cette volonté de développer le tourisme. Elle a été annoncée en décembre 2009, après des années de travaux et officialisée par la signature d'un agrément commun entre les États grec et bulgare. Ce dernier sera inauguré le 15 janvier 2010 par le Premier ministre Boyko Borisov et son homologue grec, Georges Papandreou. Cet évènement, trois ans après l'entrée du pays dans l'Union européenne, peut incarner, au plan local, vingt ans de la transition d'un espace plus large coupé par le rideau de fer pendant près de cinq décennies. Il est présenté par le maire de Zlatograd comme « *une des plus importantes mesures anti-crises prises dans la région* ». Car au-delà des baraquements du poste-frontière, ce sont des kilomètres de routes et d'infrastructures qui ont été mises en place, soutenues par des fonds structurels des deux pays, et largement aidées par l'Union européenne. Suite à ce premier volet d'un programme qui apporte une manne d'argent et d'emplois, les investissements vont se poursuivre afin de développer une activité touristique.

Cependant, plusieurs indices, révélés par les entretiens, mettent en relief les limites actuelles de ce volontarisme, et si l'isolement de la région n'est plus le fait d'un mur barbelé ponctué de blockhaus, les deux pays semblent avoir des difficultés à s'ouvrir l'un vers l'autre.

Ce problème semble aussi lié à des questions d'ordres structurels. Cet espace souffre notamment d'une économie victime de la désindustrialisation, et la solution touristique mise en avant est encore balbutiante et ne semble pas vraiment avoir enclenché le cycle vertueux attendu. Le poste frontalier, qui n'autorise ni le passage des bus ni celui des camions, est plusieurs fois pointé du doigt. Ces restrictions sont présentées par certains professionnels comme un frein au développement que devrait permettre l'ouverture de la route transfrontalière.

On retrouve des problèmes similaires en ce qui concerne la gestion transfrontalière de la ressource en eau. Alors qu'un projet de centre thermal est envisagé du côté bulgare, comme nous l'a rapporté le géologue, c'est aux deux États qu'il incombe de trouver un consensus. Athènes et Sofia, situées bien loin des Rhodopes, et de cette zone frontalière, n'ont pas le volontarisme des acteurs locaux. Le projet est pour le moment gelé faute d'accord sur la gestion de la ressource.

Les investissements européens seuls, même nombreux, ne peuvent être qu'une base pour le développement économique et social. Les collectivités locales comme Smolyan ne peuvent pas encore se substituer à la capitale bulgare. Notamment sur des projets de développement territorial. Les efforts engagés ne sont pour le moment pas à même de recréer un modèle qui apporterait la stabilité économique dont la ville jouissait pendant la République populaire. Depuis la transition, la région est en outre confrontée à un problème démographique certain.

Zlatograd, est sans aucun doute une ville frontalière, située à quelques kilomètres de Thermes en Grèce, mais cela ne suffit pas à en faire une *ville transfrontalière.*

Pour la population de la ville, une des différences qu'a apportée l'ouverture de la frontière est sans doute symbolique. Cet espace était autrefois un mur géopolitique, fortement investi par l'État, ce qui assurait une stabilité économique au présent. Aujourd'hui si elle représente l'ailleurs, le passage, elle représente aussi l'espérance d'un autre avenir.

Chapitre 4)

Les frontières subjectives

La sécurité ou le rapport entre Tunisiens au miroir des frontières linguistiques

Manel DABBABI

Pour une redéfinition de la notion de frontière

On ne peut parler de frontière sans y voir un sens à connotation péjorative. C'est la limite de quelque chose, d'un danger, d'une menace... cela constituera toujours une fin de quelque chose, la rupture d'une certaine continuité même si cela pourrait annoncer le début d'autre chose.

La frontière constituerait donc, d'abord, un renfermement, un isolement même s'il y avait la perspective d'ouverture. Si on devait parler des limites géographiques de la Tunisie, on dirait tout simplement qu'elle est bordée au nord et à l'est par la mer Méditerranée, à l'ouest par l'Algérie et au sud-est par la Libye.

Mais aujourd'hui, il faut parler d'autres frontières, des frontières au sein même du territoire tunisien, des frontières entre Tunisiens, entre régions tunisiennes et il ne s'agit pas de la délimitation géographique. D'autres éléments ont créé des frontières imaginaires, à savoir l'élément linguistique.

État des lieux

Pendant la révolution et plus précisément le 14 janvier 2011, au nom de tous les Tunisiens, du sud au nord, une voix s'est élevée pour crier « DÉGAGE ». Un verbe, une injonction, devenu plus qu'un slogan, un symbole, presque une hymne à parole unique par la musicalité, le rythme et la ferveur imposés par la foule. Personne, à ce moment-là, n'avait eu de réticence à partager et à utiliser ce verbe en langue française pour exprimer sa colère, son « ras-le-bol ».

Ce jour-là, il n'y avait aucune barrière qui séparait les Tunisiens. Cette colère qui s'est déclenchée au sud, on avait peur qu'elle s'estompe peu à peu, au fur et à mesure qu'elle s'approche de la capitale, là où on trouve le Tunisien moyen, la bourgeoisie qui jusque-là ne voulait pas s'engager dans des batailles où elle pouvait risquer son petit confort…

Pourtant, une réaction en chaîne a eu pour effet, presque immédiat, l'éclatement d'un système politique dictatorial et en même temps le rassemblement et la solidarité d'un peuple dont la majorité était apolitique, trop soucieuse de la vie quotidienne.

D'ailleurs, « dégage » a été élu mot de l'année 2011 par un jury composé d'écrivains, de sociologues, de sémiologues et de journalistes et présidé par le linguiste Alain Rey qui a affirmé : « "Dégage !" signifie à la fois partir, s'en aller, libérer ce qui est coincé, retenu ou encore déblayer, désherber, désencombrer ». Et on ajoutera : le Tunisien a déblayé ces lignes imaginaires qui délimitaient le territoire tunisien.

Mais cette expression « dégage » avait aussi défié d'autres frontières pour s'envoler au-delà de la Tunisie et atteindre et toucher nos voisins en Alger, au Rabat mais également des villes arabophones à savoir Tripoli, Le Caire, Sanaa et Damas. Cette même expression a ébranlé les Parisiens et les Madrilènes. Toutes ces villes que je viens de citer ont brandi le même slogan, symboliquement dans la même langue : une expression française est devenue universelle.

Revenons à la Tunisie. Au lendemain de ce soulèvement populaire, le pays était dans un état de confusion marqué par l'absence d'un souverain. Le pays était presque livré à lui-même, et tout le monde répétait la même chose, les médias, dans les réseaux sociaux, dans les rues « Ezzine gattaa », et les Tunisiens étaient encore solidaires, il n'y avait aucune barrière géographique dans le sens moral ni linguistique. De « dégage », expression française à « Gattaa » (s'est barré), mot populiste qui appartient au dialecte tunisien pour représenter le Tunisien et mettre fin à la langue de bois et ces discours politiques vides qui, à un moment donné, ont isolé certaines régions défavorisées, faisant croire au reste de la population que « tout va pour le mieux dans le meilleur des mondes » car il fallait montrer une jolie carte postale, une belle vitrine de la Tunisie.

Il y a eu après comme un enchaînement logique dans la suite des événements d'un point de vue linguistique : le Tunisien moyen a participé à cette révolution, partie de la ville de Sidi Bou Zid, en criant « dégage ». De « dégage », on est passé à « gattaa » – pari gagné, le président s'est « barré », il a dégagé. Et on arrive à une troisième étape qui sera le début de la fin d'une belle relation, d'une solidarité quasi exemplaire entre les Tunisiens. Cette étape, c'est celle des revendications qui sont plus concrètes, matérielles, et celle des déceptions et des désillusions. Il s'agit de la période qu'on a appelée la période de « *we ma raani* ». La traduction littérale de cette expression est : « j'étais horrifié… » qui exprime l'opposition : je m'attendais à quelque chose mais…

Place alors aux revendications, aux manifestations et c'est là que les partis politiques ont commencé à se former, à se réorganiser. Une agitation politique a déterré de vieux complexes et libéré des rancœurs que le régime Ben Ali a réussi à camoufler d'une certaine manière. Et voilà que de nouvelles appellations font surface et qui sont le signe alarmant d'une scission appuyée par le retour en force de la langue de bois, des slogans, des stéréotypes et des clichés lesquels vont dessiner les nouvelles frontières entre Tunisiens. Des appellations telles que « *houthelit el francoufonia* » (les déchets de la francophonie), « *aytem firança* » (les orphelins de la France), pour désigner, en général les défenseurs d'une morale républicaine et laïque. Mais on trouve aussi des appellations telles que « *tounistène* » (Tunistan qui rime avec Afghanistan ou Pakistan et qui vise les obscurantistes qui s'inspirent du mode de vie de ces pays).

La question est : d'où vient ce décalage intellectuel et culturel entre Tunisiens ? Deux conceptions de la vie politique et de la vie d'une manière générale s'affrontent. Aujourd'hui, et suite aux résultats des élections législatives, nous voyons défiler sur les pages des réseaux sociaux une carte de la Tunisie découpée en deux : on a coloré la partie supérieure en rouge pour l'appeler « *tounes el horra* » (la Tunisie libre) et la partie inférieure en noir pour l'appeler « *tounistène* » (Tunistan). Cette carte dresse un constat négatif celui de l'ascension de la haine entre Tunisiens. Plusieurs facteurs sont responsables de cette situation en l'occurrence la disparité régionale.

Mais aujourd'hui, nous parlerons de la répartition inéquitable de la qualité du système éducatif. Et pour pouvoir expliquer pourquoi, nous avons parlé de « vieux complexes », il va falloir faire un petit rappel de l'histoire contemporaine du système éducatif en Tunisie qui a instauré des frontières linguistiques responsables d'une division morale entre Tunisiens.

Le système éducatif tunisien ou le problème de l'arabisation

La Tunisie est un pays bilingue, puisqu'il s'agit d'un pays francophone, le Tunisien parle l'arabe et le français. En effet, l'arabe classique est considéré aujourd'hui comme la langue officielle. Mais la population tunisienne parle surtout le dialecte tunisien qui est dérivé de l'arabe. Ce dialecte ou la darja n'est pas tout à fait le même d'une région à une autre. Certaines expressions, certains termes changent et l'accent et la prononciation ne sont pas les mêmes. Cette diversité dialectale anime d'une certaine manière un régionalisme qui reflète une marginalisation éducative et culturelle, comme si certaines régions de l'intérieur, dont on pouvait mépriser les habitants et leur langue, n'avaient pas le droit à une ascension sociale, économique et culturelle. L'exemple le plus flagrant : l'acronyme KGB qui ne veut pas du tout parler des services de renseignement soviétiques mais qui renvoie aux initiales des trois villes : Kairouan, Gafsa et Béja considérées comme le trio de la misère et de l'ignorance, bien entendu, nous ne parlons pas directement de ces trois villes mais des régions qui leur appartiennent. Au sein même de ces régions, on a vu après la révolution la réapparition du phénomène de tribus (*el aarach*) signe de dissidence et de l'éclatement territorial.

Mais ces dissidences ne pouvaient qu'aggraver la situation économique et sociale précaire de ces régions. D'autres coalitions se sont alors formées d'une manière presque spontanée, imposée par les circonstances surtout politiques pour dénoncer la métropolisation et les disparités régionales qui ont divisé la Tunisie en deux parties : les grandes villes où on trouve une concentration flagrante des investissements et l'intérieur avec le grand sud où on trouve désormais les plus grands chiffres d'analphabétisme, ce qui veut dire un piètre niveau linguistique qui empêche l'ouverture sur l'autre, sur sa culture, sa civilisation freinant ainsi l'ascension sociale et donc économique.

Une tension politique se crée entre les villes métropolitaines et les régions d'intérieur, qui n'est que l'héritage de la colonisation et d'un système éducatif plus au moins défaillant malgré les nombreuses réformes.

En effet, si des appellations comme « les déchets de la francophonie » ont fait surface, c'est parce que la maîtrise de cette langue pouvait être un signe d'un mouvement néocolonialiste. Mais malheureusement, la réalité est que la maîtrise de cette langue révèle une certaine qualité du niveau culturel et éducatif réservé en général à une certaine catégorie sociale. Le journaliste Samy Gorbal parle du français comme une langue qui s'est « embourgeoisée ».

En fait, quand la Tunisie était sous le régime du protectorat français, les deux langues, l'arabe et le français reflétaient la nature de la relation entre colon et colonisé. L'arabe était réduit au statut de langue vernaculaire puisque le français était devenu la langue officielle, la langue de domination.

En plus donc du modèle *zeitounien* traditionnel (considéré comme le plus ancien en Tunisie mais également le plus ancien en tant que modèle universitaire dans le monde arabo-islamique), il y avait le modèle *Sadiki* basé sur un enseignement bilingue qui a permis aux bacheliers d'accéder à l'enseignement supérieur français (d'ailleurs la plupart des leaders de l'indépendance sont sortis du collège Sadiki où ils se sont imprégnés des valeurs arabo-musulmanes tout en maîtrisant également d'autres langues et la philosophie occidentale). On a introduit aussi le modèle français réservé alors à quelques privilégiés, c'est-à-dire à la communauté européenne. Force est de constater qu'il y avait déjà depuis cette période une division à cause d'une sélection imposée par la maîtrise de la langue, notamment le français, qui permet l'accès au savoir scientifique et aux rangs les plus distingués dans le domaine du travail.

Le système éducatif zeitounien était devenu archaïque puisqu'il favorisait l'arabisation et ne permettait donc pas l'ouverture à nos voisins européens car on considérait tout simplement que le rejet de la langue française signifiait le refus de la présence du colon, un signe de résistance qui ne pouvait pas être efficace. D'ailleurs, les leaders de l'indépendance, diplômés du collège Sadiki dont le système éducatif était beaucoup plus moderne, l'ont bien compris : c'est, entre autres, la langue de Molière, la philosophie des Lumière, etc. qui leur permettraient de mieux cerner l'ennemi, un ennemi commun à tous les Tunisiens qui s'est introduit dans les frontières tunisiennes pour s'y installer en toute impunité.

Après l'indépendance, le système éducatif s'est inspiré du modèle Sadiki : introduire les langues étrangères en plus de la langue arabe et encourager l'enseignement de la culture et la philosophie occidentale.

Mais au fil des années et des réformes, l'enseignement en Tunisie s'est fragilisé ; des tentatives d'arabisation ont échoué. Nous citons la période de Mzali qui était alors ministre de l'Éducation nationale entre 1969 et 1980, une période qui a connu l'ascension du mouvement islamiste, en plus du déménagement du siège de la ligue arabe du Caire à Tunis à la suite des accords de Camps David (1979). On a donc, en 1976, arabisé les humanités, puis à partir de 1977 les sciences. Au supérieur, en 1976, on a arabisé la philosophie et en 1977 les sciences humaines. Le français est devenu une langue de communication et les années 1980 voient les premiers bacheliers arabisés. Ce système a été rejeté par la plupart des élites qui étaient bilingues car le français assurait le savoir technologique et scientifique. En limogeant Mzali en 1986 qui était alors Premier ministre, Borguiba a voulu apporter une dernière réforme sur le plan éducatif et social permettant de diminuer la distance qui séparait de plus en plus les élites de la classe moyenne.

Mais le régime de Ben Ali a vite pris la relève après un coup d'État en 1987 en rejetant tout ce qui pouvait toucher de près ou de loin l'ancien régime par l'affirmation d'une identité arabo-musulmane. Le système éducatif ne s'est guère amélioré, creusant encore plus le fossé entre les Tunisiens à savoir ces élites qui ont fui les écoles publiques qui privilégient l'aspect quantitatif à l'aspect qualitatif en plus d'une politique d'arabisation, pour se réfugier dans l'enseignement privé ou les établissements français, et le reste de la population qu'on retrouve surtout dans les régions défavorisées où dans le meilleur des cas, on pouvait accéder aux écoles publiques car certaines régions n'en ont même pas.

Ces mêmes disparités régionales qui se sont développées au fil des années sur le plan éducatif sont responsables aujourd'hui de cette montée de haine, des problèmes d'insécurité, puisque le Tunisien lambda est devenu un piètre francisant mais aussi un piètre arabisant. D'autant plus que le marché du travail offre plus d'opportunités à ceux qui ont suivi des formations d'ingénieurs ou des études commerciales, c'est-à-dire des secteurs qui ont échappé aux tentatives d'arabisation, accentuant inéluctablement le phénomène du chômage dans ces régions défavorisées où les langues étrangères, en l'occurrence le français, sont devenues une véritable barrière sociale et économique responsable de la montée de la violence, de l'intégrisme et de l'obscurantisme.

Conclusion

Une révolution économique et sociale passe d'abord par une révolution dans les esprits. Maîtriser une langue étrangère ne doit pas être considéré comme une traîtrise.

En effet, en Tunisie, les critères qui définissaient avant l'analphabétisme ne sont plus, aujourd'hui, les mêmes. La définition classique présente l'analphabète comme celui qui est incapable ou trouve une difficulté à lire, écrire et compter.

La définition moderne présente l'analphabète comme celui qui ne maîtrise pas au moins une langue étrangère et l'outil informatique. La révolution des esprits et la réconciliation entre différentes classes sociales en Tunisie se font par des réformes visant l'enseignement et la vie culturelle, surtout dans les régions marginalisées où des fois il n'y a même pas d'école. Il faut, entre autres apprendre à utiliser ce qui a, auparavant, divisé et séparé les Tunisiens, comme la langue française pour la transformer en arme, « un butin de guerre » comme l'a dit Kateb Yassine, écrivain francophone en parlant de la langue française, car l'ennemi ne doit pas venir de l'intérieur de la Tunisie. Le Tunisien ne doit pas être une menace pour la Tunisie.

Crispations identitaires : l'angoisse de l'instabilité des frontières

Coline LETT

J'aborderai dans ce qui va suivre la problématique de la frontière d'une manière un peu détournée au regard de la thématique de ce colloque, puisque je ne vais pas considérer les frontières spatiales, mais les frontières mentales, celles qui délimitent les identités collectives.

En effet, comme le signalent certains sociologues s'intéressant à l'ethnicité, les groupes ethniques se constituent de manière relationnelle, par la mise en place de frontières entre un « nous » et un « eux », ces frontières possédant une face interne (l'auto-identification autour de traits culturels partagés) et une face externe (l'assignation d'une identité par le groupe dominant)[150]. J'utiliserai par ailleurs une définition de l'identité au sens large, telle que la propose le sociologue Manuel Castells comme un : « *processus de construction de sens à partir d'un attribut culturel, ou d'un ensemble cohérent d'attributs culturels, qui reçoit priorité sur toutes les autres sources.* »

---

[150] Pour plus d'informations sur la question des frontières ethniques, je renvoie aux travaux de Barth, Fredrik, « Les groupes ethniques et leurs frontières » (1969) dans Poutignat et Streiff-Fenart (dir.) *Théories de l'ethnicité*, PUF, Paris, p. 203-249 et Juteau, Danielle, *L'ethnicité et ses frontières*, Presses de Montréal, 1999.

Ce qui va m'intéresser, c'est ce qui amène des individus à être considérés et/ou à se sentir appartenir à un même ensemble. Je vais donc développer la question des frontières symboliques, et me pencher sur ce sujet en anthropologie, en interprétant trois cas de discussion de frontières identitaires, à trois époques différentes, à trois endroits du globe.

Quel est le point commun entre les ornithorynques, les Juifs et les homosexuels ? Voici la problématique – peu conventionnelle, mais qui a au moins le mérite d'être simple – qui guidera mon argumentation. Les ornithorynques, les Juifs et les homosexuels, chacun à leur manière, à un moment donné de leur histoire, ont contribué à perturber les taxinomies, les classifications, les dualismes qui structuraient les mentalités de leur époque. L'objet de ma réflexion sera de préciser cette affirmation.

Australie 1798

Lorsque des Britanniques découvrent l'ornithorynque, ils en envoient le pelage et des dessins en Angleterre : les scientifiques croient d'abord à un canular. En effet, lorsqu'ils voient cet animal, décrit comme semi-aquatique, à bec de canard, aux pieds palmés, possédant des aiguillons venimeux aux chevilles, à la fourrure et à la queue de castor, ils imaginent que c'est là l'œuvre d'un taxidermiste : une espèce de Frankenstein animal, des morceaux de canard cousus avec des morceaux de castor. Puis, les naturalistes européens reçoivent des spécimens entiers ; ils les dissèquent et les observent. À cette époque où l'on cherche à rassembler et à systématiser l'ensemble des connaissances sur la nature, la place de l'ornithorynque au sein de la classification du vivant est difficile à déterminer. L'Anglais Georges Shaw pense que c'est un mammifère, tandis que pour Jean-Baptiste Lamarck, il faut le classer entre les mammifères et les oiseaux. Les scientifiques sont à nouveau surpris, lorsqu'ils apprennent par la suite que l'ornithorynque pond des œufs, qui ressemblent à ceux des reptiles de par leur coquille épaisse, mais qu'une fois ses œufs couvés et éclos, la femelle allaite ses petits (et tout cela en l'absence de mamelons apparents). L'ornithorynque se présente comme un casse-tête scientifique, ses caractéristiques relevant à la fois des oiseaux, des reptiles et des mammifères, on peine à trouver un « tiroir » approprié où le ranger.

Une cinquantaine d'années plus tard, la théorie de la sélection naturelle qui pose le caractère évolutif des espèces, puis, plus récemment, les avancées de la génétique permettront d'affiner la classification biologique pour finalement distinguer deux branches au sein de la classe des mammifères : ceux qui ne pondent pas d'œufs (les thériens) et les mammifères ovipares (appartenant quant à eux à la sous-classe des protothériens, et plus spécifiquement à l'ordre des monotrèmes, dont seulement cinq espèces sont connues aujourd'hui, dont l'ornithorynque).

Je viens d'évoquer le problème, peu grave, qu'a posé l'ornithorynque à la communauté scientifique de l'époque du fait de son caractère ambigu, à cheval entre les branches des classifications existantes. J'aurais tout aussi bien pu prendre pour exemple les animaux frappés d'interdits alimentaires dans les religions juive ou musulmane. Les Juifs considèrent comme purs, et donc licites, uniquement les animaux terrestres ruminants ayant des sabots fourchus ; par opposition, les mammifères à qui il manque une de ces caractéristiques, sont considérés comme impurs et donc impropres à la consommation (par exemple, le porc, le lapin, ou le chameau). Pour ce qui est des animaux aquatiques, ceux qui ont des écailles et des nageoires sont jugés purs (tous les autres poissons, les coquillages, et les fruits de mer sont exclus de l'alimentation). Les musulmans ont leurs propres interdits alimentaires qui sont, du reste, assez similaires à ceux des Juifs.

Pourquoi rapprocher l'histoire de la classification du vivant de celle des interdits alimentaires ? C'est parce que dans les deux cas, il s'agit d'une réaction à une forme d'existence jugée ambiguë. En effet, dans son ouvrage *De la souillure : Essai sur les notions de pollution et de tabou*, l'anthropologue Mary Douglas développe l'analyse de ce qu'elle considère comme une constante anthropologique : les sociétés humaines ne supportent pas l'ambiguïté ou l'anomalie. Le caractère ambigu d'une chose veut dire qu'elle peut être interprétée de plusieurs façons ; l'anomalie est quant à elle, la caractéristique d'un élément qui ne s'insère pas dans un système. Lorsqu'elle aborde la question des prescriptions alimentaires religieuses, Douglas nous explique que ne sont considérées comme pures (ou saintes) que les nourritures totalement conformes à leur classe. Ainsi tous les animaux qui ne sont pas équipés du moyen de locomotion adapté à leur élément (la terre, les eaux, ou l'air) sont contraires à la sainteté.

Que cela soit dans les systèmes symboliques des cultures traditionnelles, dans les textes sacrés des religions monothéistes ou dans le mode de pensée rationalisé qui caractérise la modernité, les choses ne semblent pas pouvoir être laissées à l'état d'ambiguïté. Selon Douglas : « *On peut traiter les anomalies de différentes manières. Négativement, on peut les ignorer, ne pas les percevoir ; ou encore les percevoir et les condamner* [c'est le cas des interdits alimentaires religieux]. *Positivement, on peut affronter délibérément l'anomalie et tenter d'élaborer un nouvel ordre du réel où l'anomalie pourrait s'insérer* [c'est le cas de la classification scientifique de l'ornithorynque : par l'ajout de l'ordre des monotrèmes]. »

Allemagne années 1930

Changeons de lieu et d'époque, l'Allemagne des années 30. Dans son livre *Holocauste et modernité*, le sociologue Zygmunt Bauman nous explique comment la folie d'épuration de la race allemande des nazis en est venue à se fixer sur les Juifs en particulier. C'est selon lui dû au fait de la position liminaire de ce peuple, dont il retrace l'histoire en Europe.

Depuis le Moyen Âge, les Juifs présents sur le continent ont toujours été placés en marge de la chrétienté, ils constituent selon Bauman : « *[...] une entité défiant la clarté cognitive et l'harmonie morale de l'univers. Ils ne faisaient pas partie des païens non-encore-convertis, ni des hérétiques tombés-en-disgrâce qui marquaient les deux frontières ardemment défendues de la chrétienté. Les Juifs étaient en quelque sorte incontestablement installés à califourchon sur cette barrière compromettant ainsi son caractère imprenable.* » En réutilisation, la catégorie de la viscosité (état de la matière situé entre le solide et le liquide) développée par Sartre et reprise par Douglas, Bauman parle de la représentation européenne du Juif comme « *catégorie visqueuse* ». Les Européens en viennent à le concevoir comme le « *prototype et le modèle par excellence de la non-conformité, de l'hétérodoxie, de l'anomalie et de l'aberration* ».

Les changements politiques qui font entrer l'Europe dans la modernité n'améliorent pas la façon dont sont considérés les Juifs : à une époque d'exaltation de la nation, les Juifs, « *peuple international* » ou « *nation non nationale* » constituent un vide insupportable dans « *un monde encombré de nations* ».

Parallèlement à cela, selon Bauman, les Juifs constituent une catégorie « *prismatique* » (au sens où elle renvoie une image différente selon l'angle duquel on la regarde) : ils sont à la fois utilisés comme intermédiaires et dénigrés par la puissance politique et économique, et en même temps, ils sont identifiés au capitalisme et au pouvoir en place par les marxistes et les anarchistes.

Toute cette charge symbolique accolée à l'identité juive a été mobilisée par le régime nazi et ses collaborateurs pour mettre en œuvre leur dessein macabre.

France années 2010

Passons maintenant au sort de l'identité homosexuelle dans la France contemporaine. Revenons, très brièvement, sur l'histoire de l'homosexualité en Occident. Des sources historiques et anthropologiques nous apprennent que cette pratique sexuelle est présente dans la plupart des sociétés à la plupart des époques, qu'elle a été acceptée dans certaines cultures, en étant encadrée culturellement durant l'Antiquité grecque, par exemple. Mais globalement, cette pratique a été plutôt réprimée, et ce, violemment.

Dans la dynamique des mouvements étudiants, féministes et antiracistes aux États-Unis, les émeutes qui ont eu lieu en 1969 dans le quartier de Stonewall à New York, marquent le début du combat d'une communauté homosexuelle naissante, combat pour la reconnaissance d'une existence non stigmatisée. Une dizaine d'années plus tard, en 1982, cette pratique est dépénalisée en France. En 1999, le PACS constitue un premier pas vers une normalisation de l'identité homosexuelle. En 2013, avec la loi sur le Mariage pour tous : les homosexuels français obtiennent le droit au mariage et à l'adoption qui leur manquaient pour devenir des citoyens à part entière.

Ce changement de statut de l'homosexualité ne s'est pas fait dans le calme : il a été accompagné en amont et en aval de la fameuse « Manif pour tous », qui a vu dans cette ouverture d'un droit à une minorité auparavant exclue, le naufrage de notre civilisation. Effectivement, comme le déclarent certains opposants à la loi sur le Mariage pour tous, cette nouvelle forme d'union est une mutation anthropologique. Elle assène un coup virulent à l'hégémonie de la famille patriarcale. Mais cette mutation avait déjà été bien amorcée dès le début des années 1960, lorsqu'une partie des Français qui restait attachée à des valeurs traditionnelles religieuses, avait déjà dû avaler la pilule de la séparation entre procréation et sexualité, avec la légalisation de la contraception et de l'avortement. Il lui avait fallu également accepter la fin du cantonnement des femmes au travail domestique non rétribué. Aujourd'hui, l'électorat conservateur français a encore du mal à accepter ce nouveau retournement de la pensée, qui déconnecte, de manière plus radicale encore que l'adoption, le lien entre parentalité et sexualité.

La peur du chaos

J'ai évoqué plus le concept de viscosité qui fait le lien entre le travail de Douglas et celui de Bauman. Dans un autre ouvrage appelé *L'identité*, Bauman décrit une transformation récente dans les sociétés occidentales : le passage des identités solides (par exemple, les identités nationales, les identités de genre rigides dans la société patriarcale) aux identités liquides. À l'heure de la modernité liquide, les identités ne sont plus gravées dans la pierre, elles sont changeantes, multiples, contradictoires, sujettes à des réajustements et des négociations. La caractéristique des liquides est qu'en effet, ils ne peuvent préserver leur forme très longtemps, qu'ils ont tendance à changer très rapidement.

Il y a selon lui deux facettes à l'idée de liquidité : un côté très attrayant, les individus ne sont pas totalement déterminés, ils ont la possibilité d'opérer des choix, de modifier leur propre condition, voire de l'améliorer. D'un autre côté, cette même situation, peut être source de malaise, d'un sentiment d'incertitude, d'insécurité au sujet de la façon dont ils se conçoivent eux-mêmes.

Cet aspect négatif de la liquidité des identités, nous pouvons l'observer ici dans les manifestations de crispations identitaires autour de la contestation du Mariage pour tous et des ABCD de l'égalité. Ces mouvements ont en commun le rappel de l'« évidence » des frontières instaurées par la nature entre hommes et femmes, avec des slogans tels que : « Pour faire un enfant, il faut un papa et une maman ». Le Mariage pour tous fait peur aux partisans de la famille traditionnelle, car dorénavant, l'institution juridique qu'est le mariage ne garantit plus le caractère dichotomique de la frontière hommes-femmes. De la même manière, la volonté de travail pédagogique sur les stéréotypes de genre à l'école que traduit le projet des ABCD de l'égalité, leur fait peur, car elle disqualifie la rigidité de la frontière filles-garçons.

Par ailleurs, ces revendications visant à réaffirmer l'« évidence des frontières » sont parfois rattachées au rappel d'une autre « évidence », celle de l'appartenance à une communauté nationale partageant des valeurs communes (qui peuvent être l'héritage chrétien, ou la laïcité, selon les circonstances). Dans un court essai engagé tentant de décrire et d'analyser le récent succès de l'idéologie d'extrême droite en France, les sociologues Arnaud Esquerre et Luc Boltanski pointent du doigt la résurgence du thème de l'identité au cours de la dernière décennie à l'extrême droite, dans la droite classique, mais aussi dans le monde intellectuel, en sociologie, en histoire et en philosophie : des réflexions universitaires sur l'identité qui ont contribué à alimenter l'imaginaire de la crise identitaire de la France dans la littérature et les essais politiques : « *Le thème de l'identité, considéré surtout dans la forme négative et quasi apocalyptique qu'il a alors revêtu, celle d'une crise, voire d'une perte d'identité, peut servir de lieu commun entre catholiques et nationalistes, mais permet aussi d'étendre les alliances à d'autres courants et, notamment, à des courants, d'abord en partie ancrés à gauche, héritiers du parti* *radical ou du radical-socialisme du début du XXe siècle et se réclamant du républicanisme.* »

Conclusion : plaidoyer pour l'ambiguïté

Comme j'ai essayé de le montrer, le classement dichotomique des êtres et des choses est une constante anthropologique. Le fait de nommer les choses, de les classer, de les distinguer, de les séparer selon des critères de pureté ou d'impureté, ou selon leur aspect normal ou pathologique, constitue un socle sur lequel s'élaborent les cultures. Dans ce contexte, que faire contre ce besoin de certitude, cette peur du mélange, du brouillage des frontières qui nous permettent de penser le monde, contre cette peur de la confusion qui s'observe ponctuellement dans toutes les sociétés humaines ?

Car si le débat qui s'est tenu autour de l'identité de l'ornithorynque du XVIIIe au XXe siècle n'a pas eu de conséquence importante sur la marche du monde, par contre, les théories racialistes, visant à hiérarchiser la diversité de la population humaine, ont pu servir de justification à l'esclavage, à la ségrégation, voire à l'extermination de groupes humains. En effet, la rigidification des frontières ethniques, religieuses, nationales ou sexuelles peut conduire à des catastrophes : j'ai utilisé un exemple du passé, celui du génocide des Juifs, mais en ces débuts de XXIe siècle malheureusement, la référence à des identités séparées de manière très hermétique continue de faire couler le sang, comme en témoignent très récemment les horribles assassinats à Charlie Hebdo et ceux du supermarché casher, mais aussi, plus loin de nous, les nombreux conflits qui déchirent l'humanité. J'avancerai donc avec la sociologue féministe Christine Delphy que : « *[...] pour connaître la réalité, et donc pour pouvoir éventuellement la changer, il faut abandonner ses certitudes, et accepter l'angoisse temporaire d'une incertitude accrue sur le monde ; que le courage d'affronter l'inconnu est la condition de l'imagination et que la capacité d'imaginer un monde autre est un élément essentiel de la démarche scientifique ; qu'elle est indispensable à l'analyse du présent.* »

Au lieu d'ériger des frontières infranchissables entre l'ordre et le chaos, le normal et le pathologique, l'universel et l'étrangeté, au lieu de réduire la diversité du réel à des dichotomies réductrices ; plutôt que de ranger, classer, réglementer, redresser, intégrer, assimiler : il faudrait peut-être parfois laisser sa chance à l'hybridité, au dialogue, au mélange des genres, à la rencontre des cultures, aux nuances, à la continuité, et au dépassement des dualismes stériles.

Comme je l'ai signalé plus haut, selon Douglas, l'ambiguïté peut aussi être mobilisée par les peuples de manière créative, notamment dans l'art : c'est ainsi que dans beaucoup de mythologies, on mobilise des figures de l'ambigu (par exemple, les chimères). Selon l'anthropologue, ce qui fait la force de la poésie, et par extension, de la littérature, c'est l'ambiguïté de leur message. L'ambiguïté permet d'« *enrichir le sens ou [d']attirer l'attention sur d'autres niveaux de l'existence* ». Pourquoi ne pas aborder l'ambiguïté de manière positive à l'instar des Lele (groupe ethnique du Zaïre) qui vouent un culte au pangolin, une sorte de fourmilier à écailles, symbole de fertilité, dont ils font une consommation rituelle : « *Ils osent appréhender le pangolin pour en faire un usage rituel et affirment que c'est là le plus puissant de leurs rites. Aussi le culte du pangolin est-il apte à leur inspirer une méditation profonde sur la pureté et l'impureté et sur les limites de la contemplation humaine de l'existence.* »

Loin de moi l'idée de promouvoir la consommation rituelle de viande d'ornithorynque (car c'est une espèce rare, aujourd'hui protégée), de pangolin ou de chauve-souris ; ma contribution se veut plutôt un plaidoyer pour l'ambiguïté, cet « au-delà » des frontières.

Bibliographie

BARTH, Fredrik, « Les groupes ethniques et leurs frontières » (1969) dans Poutignat et Streiff-Fenart (dir.) *Théories de l'ethnicité,* PUF, Paris, p. 203-249.

BAUMAN, Zygmunt, *Modernité et holocauste* (1989), La Fabrique, Paris, 2002.

BAUMAN, Zygmunt, *L'identité* (2004), Cahiers de l'Herne, Paris, 2010.

BERGER, Peter et LUCKMANN, Thomas (1966), *La construction sociale de la réalité*, Paris, 1996.

BOLTANSKI, Luc et ESQUERRE, Arnaud, *Vers l'extrême. Extension du domaine des droites*, Éd. Dehors, Paris, 2014.

CASTELLS, Manuel, *Le pouvoir de l'identité. L'ère de l'information, vol. 2* (1997), Fayard, Paris, 1999.

DELPHY, Christine, *L'ennemi principal. Penser le genre, t. II*, Éditions Syllepses, Paris, 1999.

DOUGLAS, Mary, *De la souillure. Essai sur les notions de pollution et de tabou*, (1966), La Découverte, Paris, 2001.

JUTEAU, Danielle, « Ethnicité, nation, sexe-genre », *Diversité urbaine* 1, (1), p. 53-57.

http://www.erudit.org/revue/lcg/2000/v1/n1/009418ar.html?vue=resume

JUTEAU, Danielle, *L'ethnicité et ses frontières*, Presses de Montréal, 1999.

Les frontières de l'âge dans les politiques de la vieillesse et du vieillissement Constructions et déconstructions des âges de la vieillesse

Stéphane ALVAREZ

La notion de « frontière », dans les sciences humaines et sociales, ne concerne pas seulement des questions de séparations (ou à l'inverse, de liens) physiques, géographiques, géopolitiques ou encore urbanistiques. Les frontières spatiales, séparant et unissant des lieux, des quartiers, des pays, ou même des continents, bien que largement étudiées, ne sont pas les seules frontières qui questionnent le fonctionnement des groupes sociaux. Georg Simmel (1999) est un des rares sociologues à se préoccuper de la frontière en tant que délimitations d'actions et d'interactions qui lient et délient les individus entre eux. Pour le sociologue allemand, un individu appartient toujours à un groupe, au minimum. Celui-ci l'intègre dans son périmètre, lui prescrit ses propres limites frontalières et le socialise à ses normes de fonctionnement.

Une telle approche fait de toute frontière un construit humain, une construction sociale. C'est notamment le cas pour les frontières de l'âge, qui sont au centre de cet article. Plus précisément, il est ici question des frontières entre les âges de la vieillesse, frontières qui participent aux catégorisations de ce temps de la vie et à la structuration des parcours de vie individuels. C'est donc la dimension temporelle et non spatiale des frontières qui m'intéresse ici. Les frontières de l'âge ont des délimitations changeantes, fluctuantes (Montandon, 2012), en fonction des évolutions de l'action publique, qui depuis plus d'un siècle, influencent la définition et la perception même des âges de la vie, par des processus de catégorisation. Ce sont des rapports sociaux propres à chaque temps de la vie que l'action publique va élaborer et médiatiser par des offres de services et de prise en charge dans lesquelles les individus, dans leur vie quotidienne, doivent au moins à minima se fondre, on le verra, avec les services d'aides aux personnes âgées dépendantes, par exemple. L'âge est utile à la catégorisation des usagers, enjeu majeur des politiques publiques comme l'a montré Marc Loriol (2012). Le second temps de cet article sera de mettre à l'épreuve l'hypothèse suivante : l'évolution récente des politiques vieillesse brouille les frontières de la vieillesse et plus largement les âges de la vie. Les injonctions contemporaines et les normes de vieillissement qui sont actuellement promues sont paradoxales, dans le sens où elles mélangent et perturbent les frontières construites et établies entre les âges, tout en faisant de la vieillesse une étape ingrate et péjorative des parcours de vie.

Ce ne sont pas ici les systèmes d'action et les jeux politiques et sociaux historiquement situés qui vont être exposés. De nombreux travaux, dont ceux d'Anne-Marie Guillemard (1980, 1986, 1988), retracent précisément les systèmes d'action, les rapports de force, les interdépendances et l'ensemble du système de négociation sociale qui a participé à la construction des différents âges et des différentes catégories de la vieillesse, depuis les premiers débats sur les retraites à la fin du XIXe siècle. Ces travaux sont utiles pour comprendre les processus qui font qu'une frontière s'élabore, s'impose, s'estompe, disparaît[151], mais ne discutent très peu des effets normatifs de politiques sociales qui segmentent par l'âge les populations.

[151] Sur ce point, se reporter à mon travail de thèse *Prévention et vieillissement : l'expérience individuelle du vieillissement face à la norme contemporaine du « bien vieillir »*, sous la direction de C. Gucher et P. Trompette, UPMF-Grenoble 2, et notamment le chapitre 2 sur les politiques de la vieillesse.

Ce qui m'intéresse ici, ce sont les normes produites pour chaque nouvelle délimitation des âges de la vieillesse : qu'est-ce que la construction sociale de différents âges dans la vieillesse, aux frontières très souvent floues, fait peser sur l'expérience sociale de la vieillesse ?

I) Les constructions successives des frontières de la vieillesse

Les interventions politiques, depuis la mise en place du système des retraites en 1945, ont contribué à organiser le cycle de vie. Les travaux sociologiques sur les questions de vieillesse et de vieillissement sont ainsi apparus dès lors que la population âgée a été désignée comme catégorie cible des politiques publiques. Les études font alors le constat suivant : les frontières des âges de la vieillesse et les catégorisations qui en résultent s'inscrivent dans le mouvement d'*institutionnalisation du parcours de vie* qui caractérise la modernité. Le sociologue suisse Martin Kohli (1986) a proposé de définir le parcours de vie comme une institution sociale, c'est-à-dire comme un « ensemble de règles qui ordonnent une dimension fondamentale de l'existence ». Sous l'effet de la modernisation qu'ont connue les pays occidentaux depuis près de trois siècles, le parcours de vie s'est institutionnalisé. L'âge chronologique est devenu plus prégnant dans la définition des étapes de l'existence, ce qui a entraîné une normalisation du parcours de vie. Cette évolution et cette organisation du cours de l'existence sont très fortement liées à la place centrale occupée par le travail salarié dans nos sociétés. C'est autour de ce dernier que les politiques publiques ont organisé les transitions et la partition de l'existence en trois grandes étapes : une phase de préparation au travail avec le système scolaire principalement, une longue période d'activité, puis la retraite.

À l'intérieur même de cette période nouvelle de la vie des individus se sont progressivement développées, dans la seconde moitié du XXe siècle, diverses politiques qui ont participé d'un découpage du temps de la retraite, concomitant des transformations connues par les structures d'âge des populations des pays occidentaux (Alvarez, 2014 : 151). La longévité croissante a en effet ajouté de nouveaux âges à la vie. Les gérontologues et gériatres ont ainsi distingué des vieillesses dans la vieillesse, dont un accroissement considérable des personnes très âgées, nouveauté historique depuis la fin de la Seconde Guerre mondiale. Vivre au-delà de 90 ans était jusqu'alors rare, voire inédit. Ce n'est désormais plus le cas et on distingue, en Europe, à la suite des travaux nord-américains sur la question[152], deux âges dans la vieillesse : le 3e âge, qui n'est pas adossé à une image d'une vieillesse invalide, mais à un âge de la vie qui permet de rester actif, et de profiter pleinement des joies de retraite (les études se centrent alors sur le rôle de grand-parent ou encore sur les formes de participation de ces « jeunes retraités »), et le 4e âge, ou la « grande vieillesse », nouvelle population formée par les personnes âgées de 80 ans et plus, étudiée sous l'angle de ses pathologies et de sa mortalité.

Les questions de vieillesse et de vieillissement ont ainsi été investies de manières différentes par la puissance publique, en fonction notamment de l'évolution démographique, mais aussi en fonction du contexte économique et social.

L'âge de la retraite

L'invention des retraites en tant que système des solidarités relatif à la prise en charge des individus vieillissants a été analysée dans de nombreux travaux de recherche qui font aujourd'hui office de classiques des sciences sociales (Hatzfeld, 1975 ; Guillemard, 1986). Avant que la retraite ne devienne un droit, c'est par la reconnaissance et l'identification de la vieillesse comme un problème social national par la puissance publique que le cheminement postérieur, jusqu'à l'institutionnalisation de l'État-Providence, a été possible.

---

[152] Berenice Neugarten (1974) fut la première à proposer le seuil d'entrée dans la vieillesse à partir d'un double point de vue : démographique et épidémiologique. Le seuil de 75 ans fut décidé arbitrairement, à la suite d'observations faisant état d'un nombre croissant de personnes de plus de 75 ans, auquel était attaché un plus grand *risque* de déficience physique et psychique. On renvoie plus loin dans le temps l'idée consacrée d'une vieillesse marquée par la sénescence.

L'intervention publique se limitait jusqu'à la fin du XIXe siècle à assister les populations les plus en marge sans distinction d'âge au travers de l'assistance publique. Avec les conflits sociaux que doit affronter la société industrielle, et les revendications pour un développement des droits sociaux pour les ouvriers, la problématique de la vieillesse ouvrière va émerger et la publicisation de l'image du vieux prolétaire paupérisé va construire les bases d'une réflexion sur la nécessité d'instaurer des régimes de retraite[153] (Dumons et Pollet, 1994a).

Le droit social à la retraite deviendra universel avec la création des ordonnances de la sécurité sociale en 1945. L'entrée dans le monde de la vieillesse se fait depuis lors par la catégorie sociale des retraités, qui est avant tout une catégorie administrative (Ennuyer, 2011). La frontière entre la vie active et la retraite a été construite autour d'un référent universel qui est l'âge de la retraite. La catégorie des retraités est basée sur un seuil d'entrée par l'âge (Dumons et Pollet, 1994b), 65 ans étant le seuil choisi en 1945 pour passer du statut de travailleur à celui de retraité. Le choix de l'âge s'est fait dans un compromis entre employeurs, salariés et administration, chacune des parties trouvant dans ce critère des éléments pertinents à leur revendication : pour les employeurs, c'est le meilleur moyen de dépersonnaliser les relations avec les employés ; pour les salariés, c'est le moyen de mettre en place une règle du jeu unique qui assure les mêmes droits pour tous, et pour l'administration, c'est un outil simple, identique et rigoureux. La mise en place des retraites fait de l'âge « *l'outil démocratique par excellence* » (Percheron, 1991 : 27). C'est l'âge qui est choisi pour tracer des frontières entre les âges de la vie et pour catégoriser les citoyens. Dit autrement, l'âge est d'une utilité primordiale dans le travail de catégorisation et de qualification des usagers des politiques publiques. Lors des débats politiques et sociaux sur les retraites des dernières années, la question du placement (ou déplacement) de cette

153 Il en résultera en premier lieu la loi de 1910 pour les retraites paysannes et ouvrières, qui instaure l'obligation de cotisation pour l'ensemble des travailleurs français situés en dessous du seuil de salaire de 3 000 francs annuels.

borne d'âge a cristallisé les tensions autour de l'entrée dans la catégorie « retraité » : 62 ans, 65 ans, 70 ans… C'est bien de l'âge en tant que frontière entre vie active et retraite dont il est question.

Cependant, si l'âge a été l'outil principal de construction des régimes de retraite, il est un critère, une variable souple, aux frontières sans cesse mouvantes. Alison Chasteen (2005) postule que la perméabilité des frontières de l'âge rend impossible l'homogénéisation du groupe des retraités : « *Les groupes sociaux basés sur l'âge sont particuliers en ce sens que leurs frontières sont perméables contrairement à ceux dont le critère est le sexe ou la culture* ». Les évolutions successives des politiques vieillesse et l'invention de nouveaux âges à l'intérieur même de la catégorie des retraités vont toutefois être des tentatives de segmenter cette dernière par l'âge et de créer de nouvelles catégories aux frontières pourtant artificielles.

Le « 3e âge », une nouvelle manière d'être âgé

Une fois que ce grand ensemble des retraités a vu le jour avec la généralisation des pensions de retraite et le seuil des 65 ans, des catégories sociales ont progressivement été construites au cours de la seconde moitié du XXe siècle. C'est encore autour de l'âge que se sont esquissées des frontières entre les personnes âgées.

Les pensions de retraite ont permis une amélioration significative du niveau de ressources économiques et des conditions de vie des personnes âgées, en même temps que la retraite ouvrait un temps de la vieillesse, qui est un temps social spécifique lors duquel les individus sont libérés des contraintes de la vie active, et surtout ont du temps et des moyens à investir. Le début des années 1960 est le moment d'une orientation politique majeure face aux problèmes de la vieillesse. Celle-ci ne se trouve plus problématisée en termes de pauvreté et de transferts sociaux en guise de solutions apportées, mais de façon plus globale comme population à maintenir dans la vie sociale. Le rapport Laroque de 1962 met l'intégration des personnes âgées et la place que la société doit faire à ses retraités au centre des préoccupations et de sa problématique (Paillat, 1997). Un extrait du rapport Laroque permet de mettre en lumière la détermination à investir le quotidien même des retraités, jusqu'à l'organisation de leur occupation et de leurs loisirs : « *L'accent doit être mis en priorité sur la nécessité d'intégrer les personnes âgées dans la société, en leur fournissant les moyens de continuer, le plus longtemps possible, à mener une vie indépendante par la construction de logements adaptés, par la généralisation de l'aide-ménagère à domicile, par l'organisation de leur occupation et de leurs loisirs* » (Rapport Laroque, 1962 : 9).

L'État devient le catalyseur d'une reformulation du débat sur la vieillesse, tout en redéfinissant son rôle dans la gestion des rapports entre vieillesse et société (Guillemard, 1986 : 135). Orienter la politique de la vieillesse autour de l'intégration sociale n'est pas la même chose que de l'orienter, comme c'était jusqu'alors le cas, vers la question des retraites. L'État ne limite plus son rôle à des fonctions seulement économiques, mais ouvre la voie à des nouveaux espaces pour l'intervention publique. Cette politique des modes de vie concerne l'ensemble des retraités et non plus seulement les « économiquement faibles » et contribue à définir une nouvelle manière d'être âgé, celle du « 3e âge », en harmonie avec les pratiques émergentes des retraités des classes moyennes (Caradec, 2012).

La retraite et les transferts de fonds destinés à l'entretien de la vieillesse ont attiré des acteurs sociaux, parmi lesquels les caisses de retraite complémentaire qui se généralisent au début des années 1960 avec la constitution de l'Association des Régimes de Retraite Complémentaire (ARRCO), qui souhaite se positionner comme protagoniste central dans ce nouvel espace social. Les caisses de retraite, du régime général et du régime complémentaire, ont participé à la construction sociale de troisième temps de la vie, ce « 3e âge », et à la constitution du « *champ des agents de gestion de la vieillesse* » (Lenoir, 1979 : 57). Ces institutions, par le biais de leur fonds d'action sociale, ont investi ce nouveau marché et ont participé au développement d'une économie du vieillissement capable de capter les moyens financiers et d'activité de cette partie de la population tout en assurant dans le même temps le maintien des personnes âgées dans leur domicile : c'est à cette époque que se développent les structures d'aides à domicile et d'aide-ménagère. C'est sous le vocable de l'âge que la catégorie des retraités a été scindée en deux sous-catégories aux attributs contraires : d'un côté est inventé le « 3e âge » dont Rémy Lenoir a magistralement analysé les mécanismes et les logiques de cette invention, et de l'autre, le « 4e âge ».

Le « 3e âge » regroupe les personnes cibles d'une politique du mode de vie qui définit une nouvelle manière d'être âgé : le « 3e âge », c'est la vieillesse dynamique, active, voire activiste, à qui est proposée l'organisation d'une multitude de loisirs marchands (centres de vacances, croisières), à qui sont également proposées des activités de bénévolat, dans le monde associatif ou militant, ou encore avec la création d'universités du 3e âge. Ce nouvel art de vivre à la retraite associé au « 3e âge » s'appuie sur un renversement des représentations sociales essentiellement négatives de la vieillesse, dans le sens où l'invention du « 3e âge » signifie une négation de la vieillesse (Alvarez, 2012). Les retraités se voient proposer un mode de vie et une organisation de leur quotidien qui privilégient la sociabilité, la consommation, l'ouverture vers la société par le biais d'activités qui attestent des capacités physiques et intellectuelles des personnes âgées. La vieillesse est repoussée vers le « 4e âge », ce qui témoigne d'une recomposition des découpages et des frontières de ce temps de la vie.

L'âge, frontière artificielle entre le handicap et la dépendance

De la mise en place des systèmes de retraite jusqu'à l'invention de la catégorie du « 3e âge », puissance publique et « intercesseurs sociaux » (Guillemard, 1988 : 126) ont participé d'une redéfinition et d'une fragmentation de la vieillesse : les retraités se voient proposer un mode de vie et une organisation de leur quotidien qui privilégie la sociabilité, la consommation, l'ouverture vers la société. Les politiques ont repris cette idée qu'à un « 3e âge » vigoureux et actif succède une période, le « 4e âge » qui est une période de potentielles difficultés due aux déficiences physiologiques qui accompagnent le processus de sénescence. En somme, dès les années 1970, la retraite se découpe en deux catégories, le « 3e âge » et le « 4e âge », ce qui tend à repousser le modèle de la vieillesse vers ceux qui font face à des problèmes de santé qui impactent le quotidien.

Le « 4e âge » va se voir consacrer par une politique spécifique à la fin des années 1990 : la politique de la dépendance, qui inscrit sous la bannière de l'âge une nouvelle frontière. Le rapport Laroque, point de départ des politiques gérontologiques, a non seulement priorisé dans une visée sociale l'insertion des personnes âgées en proposant des mesures qui investissent le quotidien même de ces dernières, mais a également posé la question de leur santé en donnant naissance à une entreprise de distinction du vieillissement normal et du vieillissement pathologique. Il en résulte dans les années 1970 la structuration progressive, à côté du secteur de l'aide à domicile, du secteur du soin aux personnes âgées. Cela a été rendu possible par une première dissociation entre adultes handicapés et personnes âgées dans les politiques publiques, ce qui va tendre à naturaliser les différences sociales sous le couvert des effets inéluctables de l'âge (Barthe, Clément, Druhle, 1988).

Bien que la dépendance trouve ses fondements constitutifs en France dans une première partition entre vieillissement normal et vieillissement pathologique, entre les vieillards valides et les semi-valides et invalides tels que nommés dans le rapport Laroque, c'est la loi du 31 décembre 1970 portant réforme hospitalière qui va introduire une première distinction entre l'âge et le handicap par une segmentation des structures de prises en charge des individus vieillissants et faisant face à des problèmes de santé. En supprimant les hospices à vocation généraliste, la loi de 1970 a mis en place une segmentation des structures (unités de moyen séjour, hospitalisation à domicile) qui se poursuivra avec la circulaire de 1974 instituant les établissements d'accueil pour les personnes âgées (centres de jour et logements-foyers) : les politiques du handicap ne se confondent plus avec les politiques de la vieillesse qui s'orientent désormais sur le versant médical. La dépendance se distingue du handicap, l'âge de la dépendance de celui du handicap.

Dans une période, la fin du XXe siècle, lors de laquelle l'État-Providence fait face à l'explosion des dépenses socialisées de protection sociale et répond par une posture gestionnaire, c'est la vision déficitaire de la vieillesse qui va s'imposer dans les politiques publiques. La dépendance fait de l'âge et de la vieillesse l'origine du handicap, lequel est mesuré à l'aide d'indicateurs fonctionnels, tels que la mobilité, les transferts, la capacité à s'habiller seul, à préparer les repas, etc. Les personnes âgées sont dépendantes, car elles font face à des problèmes médicaux et sociaux, qui, en retour, posent des problèmes à la stabilité de la collectivité.

C'est finalement la loi sur la Prestation Spécifique Dépendance (PSD) de 1997 qui pose définitivement et légalement la frontière entre les adultes handicapés et les personnes âgées. Les personnes sont éligibles à la prestation dépendance à partir de 60 ans, qui devient l'âge à partir duquel est ouvert un droit à la PSD, réformée en 2001 par la loi 2001-647 relative à la prise en charge de la perte d'autonomie des personnes âgées et à l'Allocation Personnalisée à l'Autonomie. La politique de dépendance ne trace plus de frontières par l'âge entre deux catégories de la vieillesse, mais elle place l'âge comme facteur de dissociation entre la prise en charge des personnes âgées et celle des personnes handicapées. Avant 60 ans, les personnes relèvent de la politique du handicap, et passé 60 ans, de celle de la politique vieillesse. À 59 ans et 365 jours, on est considéré comme une personne handicapée, et le lendemain, comme une personne dépendante, avec toutes les conséquences que cela comporte en matière de niveau d'allocation, d'aides techniques, et d'institutions de prises en charge.

Cette brève évocation de l'histoire des politiques vieillesse en France dans les décennies qui ont suivi l'établissement du régime des retraites montre à quel point l'âge a été l'outil privilégié de construction de frontières dans la vieillesse, mais aussi entre des situations particulières (handicap-dépendance). Cependant, ces frontières n'ont pas de délimitations nettes et précises, sauf peut-être entre 1945 et 1975 pour ce qui concerne le passage à la retraite, qui restait fixé pour tous les salariés à 65 ans. Dans le cas du « 3e » et du « 4e âge », la fonction de l'âge est essentiellement de construire des catégories distinctes qui fondent des prises en charge spécifiques en fonction des problématiques de chacune des catégories. Les frontières des âges sont extrêmement floues, et c'est également le cas pour la retraite depuis les premières mesures prises au milieu des années 1970 pour lutter contre le chômage : à côté de l'aménagement de l'assurance chômage, on trouve les préretraites comme solutions apportées pour gérer les sorties anticipées d'activité des travailleurs vieillissants (Gaullier, 1999 ; Guillemard, 2003). Les préretraites, ainsi que l'invention du 3e et 4e âge ont brouillé les frontières de la vieillesse ainsi que leurs caractères socialement légitimes.

Le dernier temps de la politique vieillesse n'est pas fondé sur un travail de construction de frontières par l'âge. Depuis le début des années 2000 se structure une politique de prévention dans le vieillissement qui s'adresse à l'ensemble des retraités et des personnes âgées, sans distinction d'âge ou de catégorie. Avec la politique de prévention dans le vieillissement, on assiste à un retour à une politique des modes de vie, avec l'idée d'une normalisation des comportements et des pratiques quotidiennes des personnes âgées.

II) La politique de prévention dans le vieillissement ou la déconstruction des âges de la vie

Les politiques de la vieillesse, des retraites jusqu'à la dépendance, témoignaient d'une volonté de gestion des risques liés à la vieillesse et utilisaient l'âge comme outil de construction de catégories : tout d'abord le risque d'indigence, de pauvreté, par l'octroi de ressources à la fin de la carrière professionnelle (Gaullier, 1992), puis le risque de dépendance, par la création d'une allocation personnalisée destinée à payer les services d'aides et de soins à domicile notamment. À la gestion de la dépendance se couple désormais la gestion de ce risque par une politique de prévention, témoignant au niveau des politiques publiques, « *d'une volonté de maîtrise des risques démographiques, sociaux et économiques par la prévision et par la prévention des problèmes d'une population, perçue négativement comme consommatrice de soins et de services* » (Déchamp-Le Roux, 2012 : 81).

La prévention est une catégorie d'action publique relative à de nombreux secteurs de la vie sociale (Bouquet, 2005), dont la vieillesse. Présente dans le rapport Laroque sous la forme de préconisations de prévention sociale qui reflète une époque, les Trente Glorieuses où tout est à faire au niveau social pour les personnes âgées, la prévention dans le vieillissement repose en réalité sur deux fondements[154] : la prévention sociale, telle que définit dans le rapport pionnier de 1962, et la prévention sanitaire, qui s'appuie sur des indicateurs démographiques comme celui de l'espérance de vie sans incapacité, dont l'amélioration continue est l'objectif premier de la santé publique (Danet, 2012). La politique de prévention ne s'adresse plus à des catégories particulières du vieillissement basées sur l'âge comme critère d'entrée, mais à l'ensemble de la population retraitée. Plus encore, elle déconstruit les âges de la vie en rendant confuse la frontière entre jeunesse et vieillesse.

Le Plan National Bien Vieillir (PNBV), un plan de normalisation des modes de vie

Le Plan National Bien Vieillir[155] de 2007 est le plan gouvernemental qui pose les bases d'une politique de prévention en gérontologie. Il propose des mesures afin d'assurer un « vieillissement réussi » à l'ensemble des retraités. Mais que se cache derrière ce terme de « vieillissement réussi » ? La partie préliminaire du plan apporte un élément de réponse : « *Il est possible pour la population autour de l'âge de la retraite*

---

[154] Cela rejoint l'analyse d'Hélène Thomas (2005) sur le mouvement d'institutionnalisation de la dépendance dans les années 1990. Hélène Thomas montre comment la catégorie de la dépendance, institutionnalisée à la fin du siècle dernier, repose sur deux types de dispositifs d'assistance distincts : l'*hospicialisation* et l'*hospitalisation.* Le premier « *désigne le dispositif ancien combinant assistance et contrôle social total des vieillards indigents dans leur vie quotidienne, à leur domicile ou en établissement* » et caractérise le fondement social de la prise en charge de la dépendance, qui s'articule au dispositif d'*hospitalisation*, qui est fondé sur la pathologisation et la médicalisation du vieillissement et soulève l'aspect sanitaire.

[155] Le Plan National Bien Vieillir est abrégé dans la suite de cet article en PNBV.

d'organiser une prévention ciblée et une vie active et adaptée pour maintenir au plus haut niveau ses performances et ainsi prévenir ou retarder l'apparition de pathologies ou d'incapacités. La France se place aujourd'hui dans le peloton de tête des pays à faible mortalité aux âges élevés, avec le Japon, l'Australie et la Suisse : l'augmentation spectaculaire du nombre de centenaires en France, de 200 en 1950 à 6 000 aujourd'hui et 150 000 prévus en 2050, illustre le vieillissement de la population. La prévention des maladies liées à l'âge et la prévention du handicap entraîné par les maladies chroniques reposent sur des données scientifiques de plus en plus nombreuses. Il est possible actuellement de limiter cette dépendance ou de la retarder par des actions de prévention et d'éducation à la santé afin d'améliorer l'espérance de vie sans incapacités » (PNBV, 2007 : 3).

Ce préambule du plan est significatif des buts contemporains de la prévention orientée vers son versant sanitaire : l'amélioration de l'espérance de vie sans incapacités. Cet indicateur qualitatif permet de rendre compte des capacités fonctionnelles, ou leur invalidité, afin de ne plus faire de l'âge le déterminant essentiel de l'état de santé d'un individu (Robine et Colvez, 1984 : 28). Les indicateurs « classiques », tels que la pyramide des âges ou l'espérance de vie à la naissance, ou encore le taux de mortalité, bien qu'ils permettent de faire des constats sur l'état de santé d'une population ou de certains groupes de celle-ci, ne donnaient que peu d'indications précises sur ce qui devait être planifié au niveau des politiques et des services de santé. La hausse de l'espérance de vie s'est transformée en nécessité d'améliorer les conditions d'une vie en moyenne plus longue.

La préoccupation actuelle des politiques vieillesse est donc moins de créer des catégories pour différencier les prises en charge que de s'adresser à l'ensemble de la population âgée, afin de diffuser des normes de comportement à même de protéger les retraités des affres des incapacités et de la dépendance. Le PNBV de 2007, piloté par le ministère de la Santé et des Solidarités, le ministère délégué à la sécurité sociale, aux personnes âgées, aux personnes handicapées et à la famille, ainsi que par le ministère de la Jeunesse et des Sports, est considéré par le président du plan, gériatre et médecin de santé publique « *comme un plan de santé publique de prévention en gérontologie ayant pour objectif de créer une dynamique préventive destinée aux seniors* » (Aquino, 2008 : 39).

Une analyse du PNBV[156] montre cependant que la politique de prévention problématise la vieillesse sous l'angle de la santé et des modes de vie qui favorisent un « vieillissement réussi ». C'est en ce sens un retour à la politique des modes de vie qui se joue dans la politique de prévention, mais avec des différences majeures avec la politique des modes de vie qui s'est développée à la suite du rapport Laroque. Cette politique, à l'inverse de la politique sociale connue par les premières cohortes de retraités, se centre sur les comportements individuels et oriente son discours sur la responsabilisation des individus en matière de santé, et ne convoque pas une intervention publique forte et soutenue. Ce n'est plus à la société de s'adapter aux problèmes rencontrés par les personnes âgées et les retraités, mais à ces dernières de s'adapter aux changements qu'ils connaissent dans leur trajectoire de vieillissement. Il ne s'agit donc plus de prévenir des situations pouvant introduire une rupture avec le milieu de vie, mais de s'adapter et de composer avec des ruptures qui peuvent apparaître lors de l'avancée en âge. La politique de prévention, dont le PNBV est l'initiateur (Aquino, 2012 ; Bachelot, 2012), met face aux questions de vieillissement, de maladies, de dépendance des éléments tels que la rationalité des individus, leurs capacités individuelles d'adaptation et d'ajustement de leurs comportements et mode de vie : « *Les campagnes de prévention s'attachent à convaincre les populations de leurs méconnaissances des risques "réels" encourus à la poursuite de tel comportement et de la justesse de l'appréciation savante* » (Le Breton, 2011).

Le PNBV, qui pose les bases de l'aspect fortement normatif de la prévention n'est ainsi pas, comme le stipulent son président, ainsi que la ministre de la Santé qui a donné lieu au PNBV, un plan de santé publique. Il se conçoit plutôt comme un plan de normalisation des modes de vie dans la vieillesse. Il ne rapporte en effet pas les modes de vie et les comportements individuels à quelque forme de catégorisation sociale que les politiques vieillesse avaient jusqu'alors contribué à construire.

---

[156] Se reporter à ma thèse, chapitre 3, « Rhétorique et argumentaire de la politique de prévention de la dépendance ».

La négation de l'âge

À l'exception de l'axe 8 du PNBV qui préconise de mettre en place des expérimentations ciblées sur certains groupes de la population âgée – les personnes sans domicile fixe vieillissantes et les migrants âgés –, le PNBV et plus largement la politique de prévention dans le vieillissement s'adressent à l'ensemble de la population retraitée, sans distinction de classes, de catégories ou d'âge.

Au travers du « bien vieillir » qui est devenu la norme contemporaine de vieillissement, se déclinent des mesures qui donnent la priorité aux questions de santé. Seul l'axe 6 « promouvoir la solidarité entre les générations : l'intergénération et le "vivre ensemble", creuset du "bien vieillir" donne une place à la prévention sociale par des mesures censées favoriser la « participation sociale » des retraités (Sirven et Debrand, 2013). Les autres axes proposés par le PNBV sont orientés vers la santé et demandent aux personnes âgées de prendre en charge leur propre vieillissement et d'opter pour des comportements qui favorisent un « bien vieillir ». Ainsi les personnes âgées sont incitées à faire du sport (axe 3 « promouvoir une activité physique et sportive »), à surveiller leur mode d'alimentation (axe 2 « promouvoir une alimentation équilibrée pour rester en forme ») en privilégiant la nutrition « anti-âge », par exemple. Les préconisations vont jusqu'à dicter les bonnes pratiques sur la prescription médicamenteuse, avec l'axe 5 « promouvoir le bon usage des médicaments ».

Le discours de la prévention a un sens manifeste : il veut faire entrer dans les mentalités et les comportements « les bonnes pratiques » susceptibles d'épargner aux individus des problèmes de santé. Dans les fascicules que les retraités reçoivent dans leur boîte aux lettres, dans les messages de prévention à la télévision ou à la radio, les retraités en mauvaise santé sont pris comme exemples des conséquences d'une alimentation trop grasse, trop riche, ou comme les conséquences d'un manque d'activité physique, ou d'intérêt pour le monde qui les entoure. Le plus important dans le discours de la prévention dans le vieillissement est de faire passer un message dans le domaine public, c'est-à-dire à l'ensemble des retraités : prenez en main votre vieillissement et votre santé. Entre les lignes, il est entendu que « mal vieillir » devient une erreur, une faute (Billé et Martz, 2010).

L'étude de l'élaboration et du développement de la politique de prévention permet de dégager une idée centrale : on apprend aux personnes âgées à vieillir pour rester jeunes. Il faut bien vieillir, afin de se donner toutes les chances de ne pas intégrer la catégorie de la dépendance, qui coûte cher à la société. En 2009, les deux tiers des dépenses des conseils généraux, aujourd'hui nommés conseils départementaux, dans le domaine gérontologique, étaient alloués à l'APA pour financer l'aide à domicile ou l'accueil en institution, soit 4,9 milliards d'euros (Galtier et Mansuy, 2011). Cette prestation pour les personnes âgées dépendantes constitue la colonne vertébrale de l'intervention des conseils départementaux en direction des plus de 60 ans. On comprend l'importance de la prévention, dont le but est de contrer la hausse des dépenses pour la dépendance. Le numéro 148 d'*Isère magazine* de décembre 2014, met en exergue le mot d'ordre suivant : « vieillir jeune », par la promotion de tous les comportements qui peuvent permettre de rester jeune et de gommer les effets de l'âge.

Image 1 : Couverture du mensuel du conseil département de l'Isère, *Isère magazine*, n° 148, décembre 2014

Dans les politiques vieillesse, le message est donc désormais de prévenir son vieillissement. Le « bien vieillir » est en quelque sorte une nouvelle forme de négation de la vieillesse, dans le sens où on incite les retraités à rester jeunes. L'âge n'est plus un outil de création de frontières entre les âges et les catégories de la vieillesse, il est quelque chose qu'il faut nier. Il ne faut pas faire son âge en quelque sorte, ce qui une injonction qui peut être difficile à vivre au quotidien pour les personnes âgées. Avec la politique de prévention dans le vieillissement, on gomme les âges de la vieillesse précédemment construits ainsi que les frontières entre les étapes du cours de la vie. Les deux premières étapes dont je parlais en préambule, l'étape de formation à la vie active puis la longue période de vie active sont socialement valorisées, alors que le troisième temps de la vie, qui était à la création des retraites un temps de repos après une longue vie de travail, est aujourd'hui vu comme une étape ingrate du parcours de vie. L'injonction est désormais paradoxale. L'âge devient redoutable et l'on tente alors de dissocier l'âge de la vieillesse, là où l'âge a fait partie intégrante de la construction sociale de la vieillesse, puis des vieillesses dans la vieillesse.

Références bibliographiques

ALVAREZ S., 2012, « La fragilité : le jeu des représentations. Pour une étude de la fragilité inscrite dans une gérontologie sociale », *in* C. Gucher (dir.), *La gérontologie sociale, héritages et réflexions contemporaines*, Paris, L'Harmattan, coll. La gérontologie en actes, p. 199-212.

ALVAREZ S., 2014, « Je suis trop vieux pour aller en ville. Représentations et investissement de l'espace public chez les plus de 75 ans », *in* Dufoulon S. et Lolive J., *Esthétiques des espaces publics*, Paris, L'Harmattan, coll. Local & global, p. 149-162.

ALVAREZ S., 2014, *Prévention et vieillissement. L'expérience individuelle du vieillissement face à la norme contemporaine du « bien vieillir »*, thèse de doctorat en sociologie, sous la direction de C. Gucher et P. Trompette,

Laboratoire PACTE CNRS, Université Pierre-Mendès-France – Grenoble 2, soutenue le 1er décembre 2014.

AQUINO J.-P., 2008, « Le Plan National Bien Vieillir », *Gérontologie et société,* n° 125, p. 39-52.

AQUINO J.-P., 2012, « Vieillissement et politiques publiques », *Gérontologie et société*, hors-série, p. 273-280.

BACHELOT R., 2012, « Discours d'ouverture du colloque de la Fondation nationale de gérontologie », *Gérontologie et société*, hors-série, p. 10-17.

BARTHE J.-F., CLÉMENT S., DRULHE M., 1988, « Vieillesse ou vieillissement. Les processus d'organisation des modes de vie chez les personnes âgées », *Les cahiers de la recherche sur le travail social*, 15/88, Caen, CRTS, p. 11-32.

BILLÉ M. et MARTZ D., 2010, *La tyrannie du « bien vieillir »*, Lormont, Éd. Le bord de l'eau, 153 p.

BOUQUET B., 2005, « La prévention : rhétorique ou référentiel ? », *in* B. Bouquet, *La prévention : concept, politiques, pratiques en débat*, Paris, L'Harmattan, coll. Logiques sociales, p. 9-15.

CARADEC V., 2012, *Sociologie de la vieillesse et du vieillissement*, Paris, Armand Colin, 128 p.

CHASTEEN A. L., 2005, "Seeing Eye-to-eye : Do Intergroup Biases Operate Similarly for Younger and Older Adults?", *International Journal of Aging and Human Development*, n° 61, p. 123-139.

DANET S., 2012, « L'état de santé de la population en France. Rapport de suivi des objectifs de la loi de santé publique de 2011 », *DREES, Études et résultats*, n° 805, p. 1-8.

DÉCHAMP-LE ROUX C., 2012, « La prévention des risques liés au vieillissement : un nouveau pacte social ? », *Gérontologie et société*, hors-série, p. 81-91.

DUMONS B. et POLLET G., 1994a, *L'état et les retraites*, Paris, Belin, 480 p.

DUMONS B. et POLLET G., 1994b, « Le retraité, une identité sociale nouvelle ? », *Ethnologie française*, XXIV, n° 4, p. 790-799.

ENNUYER B., 2011, « À quel âge est-on vieux ? La catégorisation des âges : ségrégation sociale et réification des individus », *Gérontologie et société*, n° 138, p. 127-142.

GALTIER B. et MANSUY M., 2011, « Politiques sociales locales : champ d'intervention et dépenses », *Revue française des affaires sociales*, 2011/4, n° 4, p. 11-27.

GAULLIER X., 1992, « Le risque vieillesse, impossible paradigme », *Sociétés contemporaines*, vol. 10, n° 10, p. 23-45.

GAULLIER X., 1999, *Les temps de la vie. Emploi et retraite*, Paris, Esprit.

GUILLEMARD A.-M., 1980, *La vieillesse et l'État*, Paris, PUF.

GUILLEMARD A.-M., 1986, *Le déclin du social. Formation et crise des politiques de la vieillesse*, Paris, PUF, 396 p.

GUILLEMARD A.-M., 1988, « État et politique sociale. Le cas de la politique française de la vieillesse », *Les cahiers de la recherche sur le travail social*, 15/88, Caen, CRTS, p. 115-136.

GUILLEMARD A.-M., 2003, *L'âge de l'emploi. Les sociétés à l'épreuve du vieillissement*, Paris, Armand Colin.

HATZFELD H., 1975, *Du paupérisme à la Sécurité sociale : essai sur les origines de la Sécurité sociale, 1850-1945*, Nancy, Presses universitaires de Nancy, 438 p.

Haut Comité Consultatif de la Population et des Familles, 1962, *Politique de la vieillesse. Rapport de la commission d'études des problèmes de la vieillesse, présidée par Monsieur Pierre Laroque*, Paris, La Documentation française, 438 p.

KOHLI M., 1986, « The World We Forgot : A Historical Review of the Life Course », *in* V. Marshall (ed.), *Later Life. The Social Psychology of Aging*, Beverly Hills, Sage.

LE BRETON D., 2011, *Anthropologie du corps et de la modernité*, Paris, PUF.

LENOIR R., 1979, « L'invention du "troisième âge" », *Actes de la recherche en sciences sociales,* vol. 26-27, p. 57-82.

LORIOL M., 2012, *La construction du social. Souffrance, travail et catégorisation des usagers dans l'action publique*, Rennes, Presses universitaires de Rennes, 214 p.

Ministère de la Santé et des Solidarités, ministère délégué à la Sécurité sociale, aux Personnes âgées, aux Personnes handicapées et à la Famille, ministère de la Jeunesse, des Sports et de la Vie associative, *Plan national « Bien vieillir », 2007-2009*, 35 p.

MONTANDON C., 2012, « Les âges de la vie : de frontières strictes ? », *Hermès, La Revue*, 2012/2, n° 63, p. 43-50.

NEUGARTEN B., 1974, « Age Groups in American Society and the Rise of the Young Old », *Annals of the American Academy of Political and Social Sciences*, 415, p. 187-198.

PAILLAT P., 1997, « Le rapport Laroque et son héritage : un regard rétrospectif », *Gérontologie et société*, n° 81, p. 25-42.

PERCHERON A., 1991, « Police et gestion des âges », *in* R. Rémond et A. Percheron (dir.), *Âge et politique*, Paris, Éditions Economica, 278 p.

ROBINE J.-M. et COLVEZ A., 1984, « Espérance de vie sans incapacité et ses composantes : de nouveaux indicateurs pour mesurer la santé et les besoins de la population », *Population*, 39e année, n° 1, p. 27-45.

SIMMEL G., 1999, *Sociologie. Étude sur les formes de la socialisation*, Paris, PUF.

SIRVEN N. et DEBRAND T., 2013, « La participation sociale des personnes âgées en Europe : instrument du “bien vieillir” ou facteur d’inégalités sociales de santé ? », *Retraite et société*, 2013/2, n° 65, p. 59-80.

THOMAS H., 2005, « Le “métier” de vieillard. Institutionnalisation de la dépendance et processus de désindividualisation dans la grande vieillesse », *Politix*, (4), p. 33-55.

Introduction à la terminologie arabo-musulmane et sa relation avec l'islamisme

Anca MUNTEANU

L'objectif de cet article est de clarifier une terminologie qui fait référence au monde arabo-musulman : traditionalisme, fondamentalisme, intégrisme, salafisme, islamisme et néo-fondamentalisme. Je me propose de présenter la relation entre l'islamisme et les autres idéologies, en me basant sur les définitions et comparaisons faites par F. Burgat (*L'islamisme au Maghreb*), A. Lamchichi (*L'islamisme politique*), O. Roy (*Généalogie de l'islamisme*), D. Commins (*Le salafisme en Arabie saoudite*) et A. Sfeir (*Dictionnaire mondial de l'islamisme*), M. Tozy (*Monarchie et islam politique au Maroc*), Malika Zeghal (*Les islamistes marocains*), Elahmadi Mohsine (*Les mouvements islamistes au Maroc*), M. Darif (*Monarchie marocaine et acteurs religieux*), H. Redissi (*Le Pacte de Nadjd. Ou comment l'islam sectaire est devenu l'islam*). Mon but est de trouver les points communs et les différences entre ces courants de pensée afin de mieux comprendre leur influence sur le mouvement islamiste en Tunisie et au Maroc.

Les événements de 2011 nommés « le printemps arabe » ont mis en premier plan les organisations et les partis islamistes dans les pays musulmans. Avec la montée de l'intérêt général à l'islamisme, on a constaté un mélange de termes qui font référence au monde arabo-musulman, avec lesquels l'islamisme a des points communs, mais aussi des différences. Dans ce contexte, afin d'éviter une généralisation de type « tous les musulmans sont des islamistes », je me propose de définir les plus connus termes liés au monde arabo-musulman.

Islam – islamisme

Au début du XIXe siècle, le mot « **islamisme** » faisait référence à la culture musulmane, alors qu'« islamique » était le synonyme de « musulman ». Récemment, le terme « **islamisme** » a connu une connotation politique qui désigne les militants au nom de l'islam. Pour A. Lamchichi « l'**islamisme** désigne donc un ensemble de courants politico-religieux de contestation, nés dans des contextes de crise socio-économique et de malaise identitaire, qui présentent de l'islam une lecture éminemment idéologique[157] ». A. Lamchichi fait la distinction entre l'**islam** en tant que religion et l'**islamisme** comme courant politique et sépare entre trois formes d'islam : l'islam normatif, représenté par les ulémas et *fuqaha*, les docteurs de la *sharia* ; l'islam social est souvent lié à l'islam populaire ou vécu et peut varier en fonction de région, société et culture ; dernièrement, l'islam idéologisé où la religion est utilisée « à des fins politiques » et c'est dans cette catégorie qu'il intègre l'islamisme[158]. Michael Camau connaît aussi la distinction entre un **musulman** « membre de la communauté islamique[159] », et un **islamiste** qui fait partie du courant islamiste « phénomène politico-religieux[160] ». Rached Ghannouchi, leader du courant islamiste tunisien, différencie aussi entre l'**islam**, en tant que religion, et l'**islamisme**, en tant que courant : « L'islam [en Tunisie] est ancien, mais le mouvement islamiste est récent[161] ».

---

157 Lamchichi A., *L'islamisme politique*. Paris : L'Harmattan, 2001, p. 11.
158 Lamchichi A., *L'islamisme politique*, Paris : L'Harmattan, 2001, p. 14-15.
159 Burgat F., *L'islamisme au Maghreb*, Paris : Éditions Payot & Rivages, 2008, p. 15.
160 Cité par Burgat F., *L'islamisme au Maghreb*, Paris : Éditions Payot & Rivages, 2008, p. 16.
161 *Ibid.*

Arabisme – islamisme

A. Lamchichi sépare entre **islamisme et arabisme** en expliquant que ce dernier englobe des minorités non musulmanes aussi et, de plus, il y a des musulmans qui ne sont pas des Arabes (Iran, Inde, Philippines, Malaisie, l'Afrique subsaharienne, etc.) ; surtout les islamistes « rejettent l'idéologie du nationalisme arabe (*qawmiyya* et *wataniyya*) » représentée par le nassérisme et le baathisme, qui est considérée comme une idée occidentale. Alors, l'islamisme vient comme une alternative aux idéologies séculières comme le nationalisme, panarabisme, nassérisme, socialisme, etc.[162].

Traditionalisme – islamisme

À l'avis d'Olivier Roy, le **traditionalisme**, plus populaire dans le milieu rural, n'intervient pas dans l'activité politique ; ses adeptes ont souvent une attitude moralisante envers la société et une position conservatrice, ils sont nostalgiques du passé, désirent une justice sociale et valorisent les mœurs (le hijab, les hiérarchies, la piété) ; ses adeptes sont plus nombreux dans les couches peu scolarisées et peu ouvertes aux autres cultures. De plus, n'étant exposé à la technologie, ils la refusent, rejetant ainsi une « modernité indésirable » ; alors que les islamistes préfèrent intégrer et contrôler la technologie en leur faveur[163].

Les islamistes critiquent les traditionalistes pour leur « immobilisme » ainsi que pour le « monopole de l'interprétation des textes fondateurs » et leur « fonction officielle dans les institutions religieuses ». Ils considèrent aussi les pratiques de l'islam traditionnel comme « archaïques » et une mixité des « superstitions » et « stéréotypes » qui ne sont pas coraniques. Par contre, les islamistes qui proviennent du milieu urbain, proposent un projet politique et social, ont une attitude plus adaptée à la société dans laquelle ils vivent, prônent la décléricalisation de l'islam et créent leurs *madrasas* (écoles coraniques) qui éduquent les nouveaux ulémas[164].

---

162 Lamchichi A., *L'islamisme politique*, Paris : L'Harmattan, 2001, p. 17-18.
163 Cité par Burgat F., *L'islamisme au Maghreb*, Paris : Éditions Payot & Rivages, 2008, p. 28-29.
164 Lamchichi A., *L'islamisme politique*, Paris : L'Harmattan, 2001, p. 19-24.

Fondamentalisme – islamisme

Le **fondamentalisme** représente la base doctrinale d'**islamisme** qui est son successeur. Le fondamentalisme encourage un retour à l'Écriture pour trouver des moyens à renouveler, il peut être aussi un mouvement réformateur. Même si les islamistes sont en quelque sort des fondamentalistes, « c'est-à-dire partisans d'un retour au texte coranique et à la sunna du Prophète comme sources des références morales, sociales et politiques de la renaissance de l'aire musulmane », les fondamentalistes ne sont pas des islamistes[165]. Abdessalam Yacine fait la différenciation entre le discours des *ulemas*, les représentants de l'islam officiel, qui adoptent un ton moralisateur en refusant de chercher un projet économique, social et politique, et les islamistes, actifs dans le champ politique[166].

Généralement, les islamistes sont liés aux fondamentalistes, parce que les deux prônent le retour aux sources (Coran et Sunna), mais ces derniers ne sont pas des islamistes. Ils s'intéressent à la morale et l'éthique et perçoivent la politique comme « force de pression morale, théologique, intellectuelle » pour forcer le pouvoir à défendre « l'identité islamique », et s'opposent au concept de « religiosité du for intérieur ». N'étant pas des activistes, mais seulement intéressés à l'éducation islamique, certains fondamentalistes s'allient aux pouvoirs en place et aux ulémas. De toute façon, le fondamentalisme peut donner naissance aux deux mouvements : un qui se limite à la « réislamisation de la société par le bas » et se concentre sur la morale, les mœurs, la jurisprudence (comme le groupe indo-pakistanais *Jama'at at-Tabligh wa Da'wa*) ; et un autre qui prône « l'islamisation par le haut », ce qui encouragea l'idéologue des Frères musulmans, Sayyed Qotb[167].

En outre, le **fondamentalisme** est associé parfois au **mouvement réformiste (*salafi*)** connu à la fin du XIXe siècle

---

[165] Burgat F., *L'islamisme au Maghreb*, Paris : Éditions Payot & Rivages, 2008, p. 30-32.

[166] Cité par Burgat F., *ibid.*

[167] Lamchichi A., *L'islamisme politique*, France : L'Harmattan, 2001, p. 26-28.

grâce à Al Afghani, Mohamed Abduh et Rachid Ridha[168]. Leur idée était de retourner aux ancêtres pour reformer les sociétés musulmanes et les adapter aux besoins présents ; de plus, ils « revendiquent le droit d'interpréter (*ta'wil*) les textes fondateurs (Coran et Sunna)[169] ». Les ***salafs*** croyaient dans la modernité des musulmans en gardant leur « identité culturelle islamique ». Pour Rached Ghanouchi, les *salafistes* ont été coupables de la concession à l'Occident, parce qu'ils ont essayé de prouver que « l'islam était conforme à la civilisation moderne »[170]. Pour d'autres islamistes, la référence *salafi* est associée avec le **wahhabisme**, fondé à la fin du XVIIIe siècle en Arabie saoudite. Dans l'opinion de ces derniers, Al Afghani et ses disciples sont considérés des réformistes (*islahiyin*)[171].

Comme O. Roy[172] explique, le **fondamentalisme** est souvent associé au **radicalisme**, parce que par le retour aux textes fondateurs de la religion peut naître un « conservatisme extrême, sans poser la question de la légitimité du pouvoir politique (c'est le modèle saoudien contemporain), soit conduire à un réexamen critique de tout le corpus véhiculé par la tradition, en posant les bases pour la refondation d'un nouvel ordre social » (comme la révolution iranienne). Le fondamentalisme devient radical, quand en utilisant un langage politique, exprime le désir de reformer la société, ce courant contestataire date des années 1920-1930 entraîné par une « aspiration anticoloniale », la suspicion que les princes peuvent trahir l'islam et la volonté d'implémenter un État islamique. De plus, la naissance des États nations au XIXe siècle accentue la scission de la communauté islamique qui a connu plein de transformations après la mort d'Ali, réalité qui va développer deux attitudes : « une vision idéaliste » qui cherchera à restaurer la communauté originelle, et qui est la « source des radicalismes

---

[168] Burgat F., *L'islamisme au Maghreb*, Paris : Éditions Payot & Rivages, 2008, p. 35.
[169] Lamchichi A., *L'islamisme politique*, France : L'Harmattan, 2001, p. 26.
[170] Cité par Burgat F., *L'islamisme au Maghreb*, Paris : Éditions Payot & Rivages, 2008, p. 33.
[171] Burgat F., *L'islamisme au Maghreb*, Paris : Éditions Payot & Rivages, 2008, p. 35.
[172] Roy O., *Généalogie de l'islamisme*, France : Pluriel, 2010, p. 29-30.

contemporains » ; et « une vision pragmatique » qui est un compromis entre le pouvoir et les oulémas et en introduisant le concept de « *maslaha* », justifie la politique du prince, prêche l'obéissance aux autorités et demande de ces dernières le respect de la loi islamique (attitude fondamentaliste traditionaliste des autorités religieuses d'Al Azhar)[173].

Intégrisme – islamisme

En ce qui concerne le terme « **intégrisme** », il signifiait à l'origine « le refus des adaptations de l'action de l'Église et de ses croyants en matière liturgique, pastorale et sociale[174] », mais actuellement il fait référence aux **fondamentalistes** qui ont une lecture littérale et stricte des textes sacrés et qui sont réfractaires « à l'exégèse novatrice que constitue l'*ijtihad* (effort d'interprétation) islamique ». De plus, il y a des fondamentalistes « intégristes », comme il y a des islamistes « intégristes[175] ». Les islamistes intégristes sont ceux attachés à « l'intégralité du message religieux » qui touche le plan culturel, social, politique, etc., et veulent imposer leur vision de la société à l'État. Davantage, pour Lamchichi, l'intégrisme est « le refus de s'adapter à un monde qui change sans cesse ». Il considère que le point commun entre islamisme et intégrisme est le désir de résoudre les problèmes actuels par une lecture « partiale, politique et idéologique » de la religion et imposer leur vision dans tous les aspects de la vie des gens[176].

Néo-fondamentalisme – islamisme

À la fin des années 1980, on fait connaissance avec un mouvement **néo-fondamentaliste** qui recrute dans les milieux moins favorisés. Ses adeptes sont issus des écoles coraniques dites modernes qui donnent l'impression qu'elles peuvent

---

173 Roy O., *Généalogie de l'islamisme*, France : Pluriel, 2010, p. 32.

174 Olivier Carré cité par Burgat F., *L'islamisme au Maghreb*, Paris : Éditions Payot & Rivages, 2008, p. 55.

175 Burgat F., *L'islamisme au Maghreb*, Paris : Éditions Payot & Rivages, 2008, p. 55.

176 Lamchichi A., *L'islamisme politique*, France : L'Harmattan, 2001, p. 32-33.

concourir avec l'éducation gouvernementale plus chère, mais qui ne peuvent pas préparer ses diplômés pour les fonctions publiques. Ses écoles créent alors des mollahs qui ne trouvent pas d'emploi, raison pour laquelle ils demandent l'islamisation du droit, d'appareil gouvernemental et des mœurs, par exemple, le mouvement des *talebans* en Afghanistan, 1994. Comparé avec l'islamisme, ce courant est « moins politique, plus conservateur, mais très militant » et, parfois, se manifeste violemment contre la société civile[177]. Le néo-fondamentalisme a une « dimension communautariste » et retourne à la *sharia* comme moyen de réglementation pour un « bon musulman », réduit la religion à un code comportemental qui peut-être implanté dans chaque culture en ignorant ainsi les différences culturelles, nationales, etc. En ce qui concerne la femme, contraire aux islamistes, les néo-fondamentalistes prônent son retour au foyer et le port du voile[178].

Wahhabisme – islamisme

Le **hanbalisme** d'Ahmed Ibn Hanbal (m 855) est la plus rigoureuse école juridique de l'islam sunnite qui admet comme sources seulement le Coran et la Sunna et refuse le principe de consensus entre les docteurs de loi, raison pour laquelle elle représente la base des fondamentalistes les plus stricts. Le hanbalisme a connu son apogée avec Ibn Taymiya (1263-1328) qui est le « théologien classique revendiqué par les radicaux islamistes ». Alors que le **wahhabisme** fondé par Ibn Abd al Wahhab (1703-1792) qui s'est allié à la tribu de Saoud pour fonder l'Arabie saoudite en 1924 « insiste sur l'unicité de Dieu », n'acceptent pas les saints, les innovations et interprétations de l'islam, la poésie, la musique, etc., et se conduisent seulement par les « canons du pur islam », considèrent les chiites hérétiques[179].

« [Abdel Wahhab] insiste sur la nécessité de revenir aux textes sacrés et de limiter la part humaine dans le jugement [...]

[177] Roy O., *Généalogie de l'islamisme*, France : Pluriel, 2010, p. 85-86.
[178] Lamchichi A., *L'islamisme politique*, France : L'Harmattan, 2001, p. 38-42.
[179] Roy O., *Généalogie de l'islamisme*, France : Pluriel, 2010, p. 36-37.

Tenant d'un islam puritain et radical, il abolit toutes les croyances susceptibles de rappeler le polythéisme et l'idolâtrie (le culte des saints, le pèlerinage à leurs mausolées, le tabac, l'alcool, l'usage des chapelets, la musique et le chant...), et réclame d'importantes réformes au sein d'un islam jugé impur car ayant conservé certains rites préislamiques. Ce courant revendique en effet une interprétation littérale du Coran ; il condamne également toute innovation par rapport à l'enseignement originel de l'islam (Coran et hadith). La croyance en la prédestination est obligatoire. Tout acte ou point de vue non orthodoxe doit être condamné et combattu (rejet du soufisme, du mysticisme et du chiisme). Il rejette toute forme de modernité sociale : l'État doit fonctionner exclusivement selon la loi religieuse. Sur un plan politique, Abdel Wahhab propose un modèle de société reposant sur le principe de l'obéissance totale des fidèles à leur souverain qui, de son côté, doit respecter de façon absolue les principes de l'islam, faute de quoi. [...] Le refus des innovations, y compris de la jurisprudence effectuée au cours de l'*ijtihad*, constitue le centre de cette doctrine : seuls les enseignements tirés de la période des pieux ancêtres sont acceptables. À cet égard, on peut donc assimiler au wahhabisme la partie du courant salafiste la plus conservatrice, celle qui souhaite éradiquer l'*ijtihad* pour en revenir aux seuls pieux ancêtres et non pas celle qui veut réinterpréter le Coran et la Sunna sur des basses nouvelles. La principale divergence entre les deux écoles porte sur le thème de l'État islamique : le wahhabisme se satisfait d'un dirigeant local, pourvu que ce dernier respecte et fasse respecter la *chari'a*, tandis que le salafisme souhaite revenir au califat, c'est-à-dire un seul dirigeant pour toute l'oumma[180] ». « Globalement, l'**islamisme** – ou plutôt, le fondamentalisme musulman – est une idéologie politico-religieuse qui vise à instaurer un État islamique régi par la *chari'a* et à réunifier l'oumma (nation islamique). Cependant, cette définition relativement simple couvre une situation complexe, des réalités

---

[180] Sous la direction d'Antoine Sfeir et des Cahiers de l'Orient, *Dictionnaire mondial de l'Islamisme*, France : Plon, 2002, p. 479-481.

qui varient selon les pays ou les courants idéologiques (Frères musulmans, sunnites et islamistes radicaux, chiites…)[181] ».

Le **wahhabisme** est considéré comme un mouvement qui essaie de purifier la croyance religieuse de toutes les innovations contestables (*bida'*). Leur attachement à la politique saoudite les a menés à accepter et justifier les politiques dynastiques[182].

Le wahhabisme au Maroc

Lors de son discours le 23 juillet 2003, le roi Mohammed VI a fait référence à l'adoption dans le Royaume des « rites culturels étrangers » aux traditions marocaines, faisant allusion au wahhabisme considéré comme le substrat idéologique pour les attentats du 16 mai 2003, et a mis l'accent sur la volonté du peuple marocain « de préserver le choix du rite malékite ». Même si le premier contact entre le sultan du Maroc, Moulay Souliman, et le chef des wahhabites du Nejd, Abdallah Ibn Saoud, n'a pas résulté dans l'adoption du wahhabisme au Maroc, à cause du culte des saints très enraciné, ce courant revient dans le Royaume dans les années 1980 par le soutien du Golfe et à travers les universités islamiques et fondations installées ici. À cette situation ont contribué aussi les prêcheurs qui ont enseigné ou fait leurs études en Arabie saoudite et les livres sur la pensée wahhabite distribués gratuitement ou à des prix modiques[183].

De plus, Hassan II a encouragé le wahhabisme pour contrecarrer la gauche et les islamistes qui s'opposaient à la monarchie (Al Adl wa al Ihsan). Dans ce but, les autorités ont fermé les départements de philosophie et de sociologie considérés comme « les foyers de la pensée gauchiste et révolutionnaire » et ont ouvert des départements d'études islamiques. L'alliance entre ce mouvement et l'État a permis le dénigrement du cheikh Abdessalam Yassine en critiquant son

---

[181] *Ibid.*, p. 265.

[182] Commins, David (2008), « Le salafisme en Arabie saoudite ». Rougier, Bernard (sous la direction de), *Qu'est-ce que le salafisme ?* Paris : PUF, p. 25.

[183] Sous la direction de Bernard Rougier, *Qu'est-ce que le salafisme ?* Paris : Presses universitaires de France, 2008, page 214.

caractère confrérique et son mysticisme, aussi comme son opposition à la monarchie et le désir d'installer un État califal[184].

Le salafisme

Conforme au *Dictionnaire mondial de l'islamisme* « le salafisme n'est ni un mouvement religieux, ni une organisation dans le vrai sens du terme. C'est plutôt un courant proche du wahhabisme et des autres tendances fondées sur une lecture littérale du Coran. Les salafistes appellent à purifier l'islam de toute trace culturelle ou sociale étrangère, ils voient le monde à travers le prisme de la *chari'a* et reçurent les "compromissions" au sein de l'*oumma* musulmane. Le salafisme s'impose même parmi les jeunes musulmans d'Europe comme un néo-fondamentalisme et parfois comme une passerelle intellectuelle vers l'extrémisme et le djihad planétaire[185] ».

Les **salafistes** de Moyen Âge étaient contre les spéculations philosophiques sur la nature de Dieu, pour eux « on ne doit dire de Dieux que ce qui est écrit dans le Coran ». **L'école hanbalite** reconnaît le Coran et la Sunna comme « les sources uniques de la foi religieuse », le texte coranique doit être reçu comme tel, sans se poser des questions sur le contexte et certaines expressions, ce qui peut attirer des accusations d'anthropomorphisme (*tasbih*). Comme le Coran est incréé, il ne peut pas être expliqué par la raison humaine, limitée par sa nature, raison pour laquelle on doit appeler aux paroles prophétiques et aux premiers musulmans pour comprendre la volonté divine. « Ce refus de la théologie spéculative (*ilm al-kalam*) valut au hanbalisme une forte popularité dans les milieux populaires » parce qu'il donne l'impression d'être incorruptible par le pouvoir politique[186].

L'œuvre d'Ibn Taymiyya a été adoptée par **l'islamisme radical** à cause du rôle important offert au djihad dans sa

---

[184] *Ibid.*, page 215.
[185] Sous la direction d'Antoine Sfeir et des Cahiers de l'Orient, *Dictionnaire mondial de l'Islamisme*, France : Plon, 2002, p. 436-437.
[186] Rougier, Bernard (2008), « Introduction », Rougier, Bernard (sous la direction de), *Qu'est-ce que le salafisme ?* Paris : PUF, p. 9.

doctrine[187]. De plus, le salafisme connaît trois tendances : **le salafisme littéraliste, le salafisme réformiste** et **le salafisme jihadiste**. Le salafisme littéraliste prône le retour aux textes religieux et le refus d'une participation politique, ce qui les différencie des islamistes des **Frères musulmans** accusés de chercher une position de pouvoir. À leur tour, les salafistes littéralistes sont parfois qualifiés des « quiétistes » parce qu'ils obéissent inconditionnellement au pouvoir politique si c'est musulman. Les salafistes les plus proches de l'institution wahhabite reprochent aux islamistes (parmi lesquels quelques-uns se réclament de l'islam salafiste) qu'ils sont restés longtemps dans des « pays impies » en faisant référence aux pays non musulmans[188]. Alors que le **salafisme réformiste** incorporé en Arabie saoudite à la fin des années 1980, privilégie « une lecture politique de l'islam », une manière de pensée qui a aussi influencé les Frères musulmans. Les thèmes préférés de ceux-ci sont la politique américaine en Irak et Afghanistan, le conflit israélo-arabe, les musulmans de Caucase, etc., et reprochent la complicité des dirigeants musulmans avec l'Occident qui intervient au Moyen-Orient[189]. Le **salafisme djihadiste** place le djihad au centre de la croyance religieuse et considère que tout musulman peut prononcer un djihad individuel et obligatoire si l'imam ou le dirigeant d'un État musulman le considère comme une obligation religieuse. Pour eux l'*ijtihad* (l'interprétation) doit être permanente pour réactualiser la tradition prophétique aux exigences de la société moderne[190].

Les premiers salafistes ont apparu au XVIIIe siècle en Égypte, Syrie, Iraq et Inde comme un courant intellectuel conduit par des « savants religieux en lutte contre les pratiques populaires et le début de la domination occidentale ». Ils avaient une vision moderniste et optaient pour un gouvernement constitutionnel, des méthodes d'enseignement scientifiques, l'apprentissage des technologies modernes et une interprétation

---

[187] *Ibid.*, p. 12.
[188] *Ibid.*, p. 15-16.
[189] Rougier, Bernard (2008), Introduction, Rougier, Bernard (sous la direction de), *Qu'est-ce que le salafisme ?* Paris : PUF, p. 17-18.
[190] *Ibid.*, p. 18-19.

souple de la loi religieuse, n'accusant pas « les pratiques d'intercession » comme formes de manque de croyance. **La seconde vague de salafisme moderne était l'organisation des Frères musulmans** qui avaient un contact plus proche (comparé à la 1re vague) avec les wahhabites, afin de combattre l'immoralité considérée comme complot des sociétés occidentales pour les dominer. **La troisième vague** des salafistes s'inspire des écrits de Sayyid Qotb, et dépassent le désir de moraliser la société, envisagé par les Frères musulmans, au renversement des régimes conduits par les apostats. Pour clarifier, dans les années 1960, Qotb critiqua les régimes politiques qui préféraient « des lois de conception humaine à la Loi islamique (*shari'a*) », alors son jihad visait les agents de la domination occidentale qui diffusaient la corruption et perpétuaient l'injustice sociale. En divisant le monde entre « vrais musulmans » et « apostats », Qotb considéra que l'Arabie saoudite a perdu sa divinité en faisant appel aux Américains, donc le régime devra être changé. De plus, sa déclaration de jihad contre l'Amérique était contraire à la doctrine wahhabite qui la considérait une prérogative du souverain. D'ici on peut tirer la conclusion que la dernière vague salafiste ne maintiendra pas des relations avec les wahhabites, fidèles au régime politique saoudite[191].

Le salafisme marocain et tunisien

Le terme de *salafs* (pieux ancêtres = *as-salaf as-salih*) fait référence aux compagnons du Prophète, en conséquence, le salafisme prêche le retour « à l'islam des origines » et au moment de la « révélation et de l'histoire prophétique » et la lecture sans intermédiaires du Coran et de la Sunna, en critiquant aussi les pratiques « innovatrices » de l'islam des confréries soufies. Le salafisme diffuse ses idées commençant avec le XVIIIe siècle à partir de l'Arabie saoudite, l'Inde, la Syrie, l'Égypte. La *salafiyya* est connue au Maroc entre la fin du XIXe et le début du XXe siècle par l'influence de l'Arabie et

191 Commins, David (2008), *Le salafisme en Arabie saoudite*, Rougier, Bernard (sous la direction de) *Qu'est-ce que le salafisme ?* Paris : PUF, p. 37-43.

de l'Égypte et par l'intermédiaire « des lettrés et pèlerins marocains de retour d'Orient [qui] importent la doctrine wahhabite d'abord, le réformisme égyptien ensuite et [...] la lutte contre les *zaouias* (centres religieux liés à une confrérie) et leurs pratiques perçues comme "innovations blâmables (*bid'a*)". De plus, le nationalisme aide à donner un sens idéologique et politique au salafisme marocain, ce qui laisse en arrière l'esprit seulement introspectif et réformateur dès le début. Le nationaliste Allal al-Fassi (1910-1974) explique la relation entre le nationalisme salafiste et le **wahhabisme** par le fait que la monarchie s'allie aux "oulémas réformistes venus de l'étranger" pour contrecarrer les confréries soufies alliées à leur tour à des tribus berbères (par exemple, la Tayybiyya, la Charqawiyya ou la Darqawiyya) et qui représente un concurrent sur le plan religieux. Davantage, ce retour aux sources en préférant le *hadith* au détriment du *fiqh*, légitime la généalogie de la monarchie alaouite (dans ce cas, malékite) et essaie de réformer l'islam par une interprétation libre, sans intermédiaire[192] ».

Avec le temps, le salafisme du début du XXe siècle évolue vers un nationalisme pour s'opposer aux confréries qui collaborent avec le protectorat[193]. Les idées salafistes très répandues au Machrek offrent aux nationalistes l'outil nécessaire pour mobiliser les masses qui s'opposent à l'occupation et considèrent que le retour à la religion musulmane est la solution pour sortir de cette situation humiliante. Les nationalistes du Maghreb se regroupent autour des cheiks avec des études en Orient, à Damas ou à Medine qui forment des personnalités comme Mohammed ben al-Arbi al-Alaoui au Maroc, Abdelhamid ben Badis en Algérie et Tahar ben Achour en Tunisie. Ce salafisme nationaliste se manifeste par une reforme éducative qui commence avec un enseignement en langue arabe à la Qarawiyyine qui devient un centre de formation des « salafistes lettrés ». Avec le temps, les oulémas réformistes obtiennent le support de la monarchie avec qui ils s'allient dans la lutte nationale ; en ce sens, jusqu'à

---

[192] Zeghal M., *Les islamistes marocains*, Paris : Éditions La Découverte. 2005, p. 40-48.

[193] *Ibid.*

l'indépendance, le parti Isliqlal (par son représentant Allal al-Fassi), la monarchie, le nationalisme et le salafisme vont ensemble[194]. L'islamisme qui naît à la fin des années 1960 englobe les revendications des conservateurs de l'Isliqlal qui veulent une « éducation selon la personnalité arabo-musulmane » et des gauchistes qui aspirent à une « éducation pour le peuple[195] ».

La Tunisie a résisté face au mouvement salafiste et ses nouvelles idées, Abduh y va deux fois après son passage sous protectorat, en 1884 et en 1903. Mais, pendant cette période la Tunisie avait déjà connu des réformes religieuses, raison pour laquelle les ulémas n'étaient pas surpris par les idées d'Abduh. C'est pendant la première génération des nationalistes (1904-1940) que le salafisme commence à être connu en Tunisie, surtout grâce au journal *Al-Manar* (1898-1935) considéré comme « la bible des réformistes et des nationalistes » de l'Inde au Maghreb[196]. Le journal influence les lecteurs tunisiens, parmi eux, on trouve Béchir Sfar, le fondateur des *Jeunes Tunisiens* (1911) qui est pour une période correspondant à *Al-Manar*, et cheikh Thaalbi – beaucoup critiqué par les ulémas et ses idées considérées hérétiques. Cheikh Thaalbi manifeste pour une « interprétation littérale, rationnelle, scientifique, libérale et vraie » du Coran, afin de pouvoir contribuer avec les Français au progrès. Vers les années 1920, les confréries sont en déclin à Tunis, et Rachid Rida lui-même attaque en 1926 le Tijaniyya. De toute façon, le développement social (la scolarisation et l'urbanisation) contribue aussi au déclin de l'orthodoxie classique. Sortant de l'influence maraboutique, les nouveaux urbanisés, modernes et francophones sont plutôt adeptes du nationalisme[197].

---

194 Zeghal M., *Les islamistes marocains*, Paris : Éditions La Découverte, 2005, p. 40-48.

195 Zeghal M., *Les islamistes marocains*, Paris : Éditions La Découverte, 2005, p. 86.

196 Redissi H., *Le Pacte de Nadjd. Ou comment l'islam sectaire est devenu l'islam*, Paris : Éditions du Seuil, 2007. 196-199 ; 176.

197 Redissi H., *Le Pacte de Nadjd. Ou comment l'islam sectaire est devenu l'islam*, Paris : Éditions du Seuil, 2007, p. 200.

Conclusion

Compte tenu des références qu'on a citée, l'islam est la religion de tous les musulmans et connaît plusieurs formes : l'islam normatif, un populaire ou social, et un autre idéologisé dont fait partie l'islamisme. Ce dernier est un courant politico-religieux récent, les adeptes duquel sont appelés des « islamistes ». De toute façon, cette terminologie est moderne, parce qu'au début du XIXe siècle, le mot « **islamisme** » faisait référence à la culture musulmane, et « islamique » était le synonyme de « musulman ». De plus, c'est important de retenir qu'il y a aussi des musulmans qui ne sont pas des Arabes et que les islamistes rejettent l'idée du nationalisme arabe, parce que pour eux tous les musulmans font partie de l'*oumma*, la communauté islamique.

De plus, les traditionalistes que les islamistes considèrent comme des adeptes de l'islam populaire, ne sont pas actifs politiquement et gardent une attitude moralisante de la société ; ils sont souvent critiqués par les islamistes à cause de leur monopole sur les interprétations des textes fondateurs et leurs fonctions dans les institutions religieuses. Cependant, les islamistes sont dans un certain degré des fondamentalistes parce que les deux prônent le retour aux sources (Coran et Sunna), mais ces derniers ignorent l'activité politique, ayant seulement un rôle moralisateur, et comme les traditionalistes, parfois s'allient aux pouvoirs en place. Le fondamentalisme a influencé la réislamisation de la société par le bas (le groupe indo-pakistanais *Jama'at at-Tabligh wa Da'wa*) et Sayyed Qotb (idéologue des Frères musulmans) qui encouragea l'islamisation par le haut. Le fondamentalisme est parfois associé au salafisme et au radicalisme. Alors que l'intégrisme fait référence aux fondamentalistes qui ont une lecture littéraire des textes sacrés et refusent l'interprétation islamique ; les islamistes intégristes sont ceux attachés à l'adoption du message religieux sur le plan culturel, social, politique, etc. et veulent imposer leur vision de la société à l'État. Le néo-fondamentalisme apparu dans les années 80 est, comparé avec l'islamisme, très militant, conservateur, mais moins politique ; ses adeptes considèrent la sharia comme le code comportemental de tous les musulmans indépendamment de leur culture. Une des grandes différences entre ces courants de pensée et l'islamisme est que ce dernier accepte la modernité technologique, la séparation entre l'État et la politique et a des militants actifs qui cherchent des projets économiques.

Alors que le wahhabisme fondé par Ibn Abd al Wahhab et son allié, la tribu de Saoud, est basé sur une interprétation littérale du Coran et condamne toute innovation par rapport à l'enseignement originel de l'islam (Coran et hadith) en rejetant aussi le soufisme, le mysticisme, le chiisme et toute forme de modernité sociale. Le wahhabisme assimile la partie du courant salafiste la plus conservatrice, celle qui refuse l'interprétation pour en revenir aux seuls pieux ancêtres. La principale divergence entre les deux écoles porte sur le thème de l'État islamique : si le wahhabisme accepte un dirigeant local, pourvu que ce dernier respecte et fasse respecter la sharia, le salafisme propose le retour au califat, c'est-à-dire un seul dirigeant pour toute l'oumma. La monarchie marocaine a coqueté avec le wahhabisme pour contrecarrer les islamistes marocains qui rejetaient la monarchie, mais elle a clarifié sa position vis-à-vis de ce courant après les attentats du 16 mai 2003.

Dernièrement, le salafisme, un courant proche du wahhabisme et des autres courants fondés sur une lecture littérale du Coran, connaît des tendances : le salafisme littéraliste (refuse l'activité politique), le salafisme réformiste de l'Arabie saoudite (propose une lecture politique de l'islam, ce qui inspire aussi les Frères musulmans) et le salafisme djihadiste (place le djihad au centre de la croyance religieuse). D'autres penseurs classifient le salafisme d'une manière un peu différente dont la seconde vague est représentée par les Frères musulmans, alors que la troisième inspirée par Sayyid Qotb appelle au djihad contre l'Occident. Le salafisme au Maroc inspire les nationalistes qui luttent contre le colonialisme, offrant l'islam comme la solution pour la sortie de l'impasse, alors qu'en Tunisie, n'a pas eu vraiment de succès grâce aux reformes religieuses.

Bibliographie

BURGAT F., *L'islamisme au Maghreb*, Paris : Éditions Payot & Rivages, 2008.

COMMINS D. (2008), *Le salafisme en Arabie saoudite*, Rougier, B. (sous la direction de), *Qu'est-ce que le salafisme ?* Paris : PUF, 2008.

LAMCHICHI A., *L'islamisme politique*, Paris : L'Harmattan, 2001.

REDISSI, H., *Le Pacte de Nadjd. Ou comment l'islam sectaire est devenu l'islam*, Paris : Éditions du Seuil, 2007.

ROUGIER B. (2008), « Introduction », Rougier, Bernard (sous la direction de), *Qu'est-ce que le salafisme ?* Paris : PUF, 2008.

ROY O., *Généalogie de l'islamisme*, France : Pluriel, 2010.

SFEIR A. et des Cahiers de l'Orient (sous la direction de), *Dictionnaire mondial de l'islamisme*, France : Plon, 2002.

ZEGHAL M., *Les islamistes marocains*, Paris : Éditions La Découverte, 2005.

Les Auteurs

Stéphane Alvarez : Maître de conférences de sociologie, Université Grenoble-Alpes.

Nathalie Cabanas : Professeur agrégée, docteur en Histoire, chercheur au CRESEM-Université Perpignan – Via Domitia.

Étienne Ciapin : Doctorant en sociologie, Grenoble-Alpes.

Manel Dabbabi : Doctorante en linguistique, Université de Tunis.

Julien Doutre : Doctorant en sociologie, Grenoble-Alpes.

Serge Dufoulon : Professeur de sociologie et anthropologie, Université Grenoble-Alpes.

Aurore Flipo : Docteur en science politique, IEP, Grenoble.

Sylvain Obame : Docteur en droit public, Université Grenoble-Alpes.

Anca Munteanu : Doctorante en administration publique, Université Grenoble-Alpes.

Coline Lett : Docteur en sociologie, Université Grenoble-Alpes.

Hedi Saidi : Historien, enseignant à l'institut social de Lille, membre associé à l'URMIS – Paris Diderot, Paris VII.

Nushaba Baghirova
Aurore Flipo

Table des matières

La géographie aux éditions L'Harmattan

Dernières parutions

NATURES
Miroir des hommes ?
Sous la direction de Sylvie Guichard-Anguis, Anne-Marie Frérot et Antoine Da Lage
La Nature, par définition, n'a rien à dire. Elle est silencieuse. Pourtant, l'homme l'a toujours couverte d'intentions. Cette nature qui nous environne et nous domine répond aussi à nos besoins. Mais, selon les lieux, les époques, s'agit-il des mêmes besoins et mêmes populations ? Cette problématique invite le lecteur au voyage : voyage au cœur des lieux de nature, au cœur des cultures humaines, peut-être au cœur de l'homme lui-même. La condition humaine dans la Nature est une construction aux multiples facettes, reposant sur les perceptions, les représentations, sur les imaginaires et les cultures.
(Coll. Géographie et cultures, 30.00 euros, 336 p.)
ISBN : 978-2-343-03367-9, ISBN EBOOK : 978-2-336-35223-7

ÉTAT (L') ET SA POLITIQUE EXTÉRIEURE
La géographie des diplomates
Villard Jean-Pierre
Dans le cadre de négociations en vue de formaliser un traité de paix, les diplomates font bon usage de documents géographiques. Lors de certaines négociations, des géographes sont associés. Aujourd'hui, les géographes ont moins les faveurs des gouvernements et des médias. Les attaques maladroites contre la géographie classique, dans le sillage des évènements de mai-juin 1968, ont causé du tort à cette discipline. L'auteur de cet ouvrage propose de montrer que la géographie est d'une grande utilité pour les diplomates.
(Coll. Territoires de la géographie, 27.00 euros, 260 p.)
ISBN : 978-2-343-03246-7, ISBN EBOOK : 978-2-336-35275-6

GÉOGRAPHIE D'INTERFACES
Formes de l'interface humanité/espaces terrestres
Brun-Picard Yannick
Cet ouvrage met en lumière des potentialités ouvertes de l'emploi et de la validation du concept d'interface humanité/espaces terrestres pour la géographie et par extension pour toutes les sciences humaines, pour lesquelles les liens entre la surface terrestre, les activités anthropiques, les finalités et les acteurs sont imbriqués au sein de la construction de territoires de nature et de destination parfois opposées.
(Coll. Logiques sociales, 27.00 euros, 264 p.)
ISBN : 978-2-343-00322-1, ISBN EBOOK : 978-2-296-53292-2

RÉPONSE (LA) DE L'OISEAU
Qu'attendent de nous les animaux ?
Sastre Danièle
Depuis toujours le projet de domestication inclut le fait de faire naître les animaux pour les tuer, à un moment ou à un autre. Tant que l'homme n'aura pas clairement défini ce qu'est l'animal pour lui - ce que sont les animaux pour les hommes - les choses ne pourront pas avancer. Cet ouvrage a été supervisé par des spécialistes en chacune des matières abordées, philosophie, droit, biologie, peinture.
(19.00 euros, 200 p.)
ISBN : 978-2-296-99850-6, ISBN EBOOK : 978-2-296-53394-3

MORT (LA) EST DANS LE PRÉ
Guéret Eric
«Quand on découvrira toute la vérité sur les dangers des pesticides, ce sera un scandale pire que celui du sang contaminé. Je n'ai pas de raisons de me taire». L'agriculteur qui nous parle est atteint d'un cancer à 47 ans. C'est une victime des pesticides qu'il manipule tous les jours. Des centaines d'agriculteurs sont frappés, victimes des produits phytosanitaires. Diagnostics : maladie de Parkinson, leucémie, cancers... Une immersion auprès de ces agriculteurs atteints de maladies mortelles.
(20.00 euros)
ISBN : 978-2-336-00811-0

PRZEWALSKI
Le dernier cheval sauvage
Charbonnier Laurent, Garing Dominique
Les chevaux de Przewalski sont une espèce considérée comme éteinte à l'état sauvage depuis environ un demi-siècle. Nous assisterons au retour d'une dizaine d'entre eux en Mongolie dont ils sont originaires, grâce au travail de l'association Takh qui depuis vingt ans œuvre pour rendre ces animaux à la liberté.
(20.00 euros)
ISBN : 978-2-336-29410-0, ISBN EBOOK : 978-2-296-53462-9

MOTS (LES) DE L'EAU
Dictionnaire des eaux douces – De la métrique à la symbolique
Bethemont Jacques
Ce siècle sera celui de l'eau rare, précieuse, convoitée et difficile à partager. Mais de quoi est-il question ? Il y a l'eau des ingénieurs et celle des poètes, l'eau des agriculteurs et celle des urbanistes, l'eau des stratèges et celle des pèlerins. Il y a le miracle de l'eau qui vivifie les déserts et la malédiction de la grêle ou de la crue. Ce dictionnaire présente diverses formes, usages et symboles de l'eau en assumant les approches du scientifique, de l'ingénieur et du poète.
(34.50 euros, 334 p.)
ISBN : 978-2-336-00562-1, ISBN EBOOK : 978-2-296-50868-2

COURS (LES) D'EAU FRANÇAIS – Approche quantitative
Giret Alain
Il existe peu d'ouvrages synthétiques consacrés à l'hydrologie des fleuves métropolitains dans leur ensemble. Les cours d'eau français font l'objet de

mesures hydrométriques depuis le milieu du XIXe siècle et surtout au XXe siècle. Sont ici analysés plus de 2900 jaugeages depuis 1863.
(31.00 euros, 300 p.)
ISBN : 978-2-296-96556-0

IMAGINAIRE (L') DES CARTES
Castoldi Alberto
Dès l'Antiquité jusqu'à nos jours, «l'oeil-monde» s'est attaché à donner forme au monde que nous habitons par le truchement et l'imaginaire des cartes. À côté des cartes scientifiques, on découvre, dans un séduisant voyage, les cartes imaginaires, allégoriques, utopiques, littéraires, virtuelles. (Cartes et illustrations en couleur.)
(Coédition Bergamo University Press Edizioni Sestante, 15.00 euros, 100 p.)
ISBN : 978-2-296-55754-3

L'HARMATTAN ITALIA
Via Degli Artisti 15; 10124 Torino
harmattan.italia@gmail.com

L'HARMATTAN HONGRIE
Könyvesbolt ; Kossuth L. u. 14-16
1053 Budapest

L'HARMATTAN KINSHASA
185, avenue Nyangwe
Commune de Lingwala
Kinshasa, R.D. Congo
(00243) 998697603 ou (00243) 999229662

L'HARMATTAN CONGO
67, av. E. P. Lumumba
Bât. – Congo Pharmacie (Bib. Nat.)
BP2874 Brazzaville
harmattan.congo@yahoo.fr

L'HARMATTAN GUINÉE
Almamya Rue KA 028, en face
du restaurant Le Cèdre
OKB agency BP 3470 Conakry
(00224) 657 20 85 08 / 664 28 91 96
harmattanguinee@yahoo.fr

L'HARMATTAN MALI
Rue 73, Porte 536, Niamakoro,
Cité Unicef, Bamako
Tél. 00 (223) 20205724 / +(223) 76378082
poudiougopaul@yahoo.fr
pp.harmattan@gmail.com

L'HARMATTAN CAMEROUN
BP 11486
Face à la SNI, immeuble Don Bosco
Yaoundé
(00237) 99 76 61 66
harmattancam@yahoo.fr

L'HARMATTAN CÔTE D'IVOIRE
Résidence Karl / cité des arts
Abidjan-Cocody 03 BP 1588 Abidjan 03
(00225) 05 77 87 31
etien_nda@yahoo.fr

L'HARMATTAN BURKINA
Penou Achille Some
Ouagadougou
(+226) 70 26 88 27

L'HARMATTAN SÉNÉGAL
10 VDN en face Mermoz, après le pont de Fann
BP 45034 Dakar Fann
33 825 98 58 / 33 860 9858
senharmattan@gmail.com / senlibraire@gmail.com
www.harmattansenegal.com

L'HARMATTAN BÉNIN
ISOR-BENIN
01 BP 359 COTONOU-RP
Quartier Gbèdjromèdé,
Rue Agbélenco, Lot 1247 I
Tél : 00 229 21 32 53 79
christian_dablaka123@yahoo.fr

Achevé d'imprimer par Corlet Numérique - 14110 Condé-sur-Noireau
N° d'Imprimeur : 126016 - Dépôt légal : février 2016 - *Imprimé en France*

www.ingramcontent.com/pod-product-compliance
Lightning Source LLC
LaVergne TN
LVHW010925061026
849535LV00007B/2231